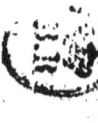

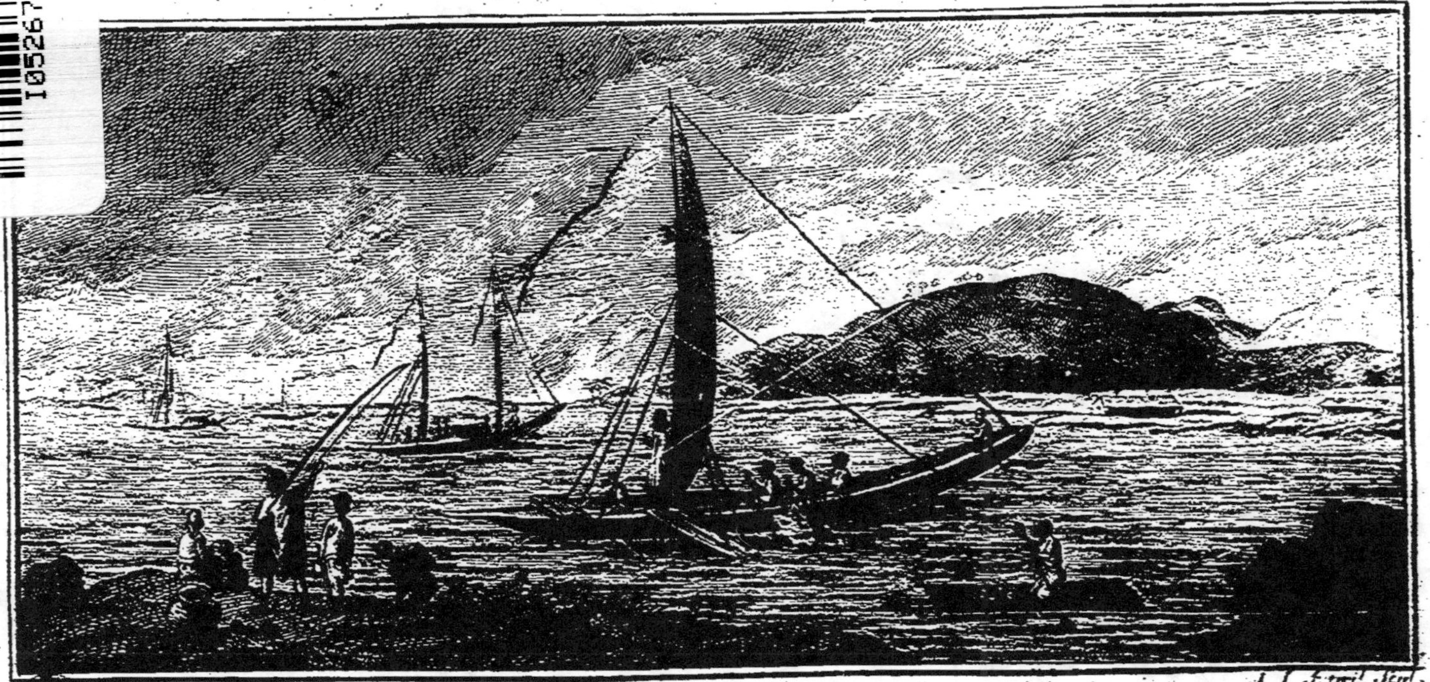

J. L. Avril Scul.

Vuë de l'Isle d'Otahiti.

ESSAI
SUR L'ISLE
D'OTAHITI,
SITUÉE
DANS LA MER DU SUD;
ET
SUR L'ESPRIT ET LES MŒURS
DE SES HABITANS.

A AVIGNON;
Et se trouve A PARIS,
Chez Froullé, Libraire, Pont Notre-Dame.

M. DCC. LXXIX.

A

MADAME ***.

CE Peuple né pour la Vertu,
Que n'a-t-il le bonheur, Églé, de vous connaître !
   Le vice en vous voyant paraître
   Serait pour jamais confondu ;
La pudeur brillerait de fes graces nouvelles ;
   Vertueufes dès leur printems,
Les femmes, comme vous, n'en feraient que plus belles,
   Et les maris moins inconftans.

AVERTISSEMENT.

LE Peuple dont on entreprend de décrire les mœurs & les usages, est une des Nations des Indes plus intéressante encore par la forme de son administration intérieure relativement à elle - même, que par l'utilité qu'elle peut procurer aux vues politiques de l'Europe. Ce Peuple est donc plus susceptible d'être considéré philosophiquement, que politiquement. La découverte de l'Isle, qui n'est pas ancienne, & la connaissance de ses habitans, sur l'esprit & le caractère desquels on n'a eu jusqu'à présent que des notions fort obscures, ne peuvent procurer à la curiosité que peu de faits, qui ont exigé beaucoup de recherches & d'étude, par les difficultés qu'il y a eu à surmonter pour s'en assurer. Les *Voyages autour du monde de MM.* Bank & Solander, *de M.* Cook, *celui de M.* Bougainville ; *les réflexions judicieuses de ces savans Navigateurs* ; celles d'un autre ordre d'hommes non moins éclairés, ont servi essentiellement à la forme de cet Essai. L'opinion que nous avons nous-mêmes de leurs différens jugemens, nous a fait hazarder quelquefois d'ajouter nos sentimens aux sentimens de ceux qui consacrent leur tems, leurs avantages, & qui sacrifient même la portion la plus essentielle de leur existence, pour

se livrer à l'étude des découvertes.
Nous serons trop fortunés, si le
récit que nous faisons de leurs
dispositions peut flatter la sensibilité d'une espèce d'hommes qui est
au-dessus de tout éloge.

INTRODUCTION.

Il serait satisfaisant pour l'esprit humain, que la Philosophie s'exer-çât à donner des notions exactes & circonstanciées sur les mœurs, les usages, le caractère & l'esprit des Nations que nous nommons sauvages, sur les mœurs & cou-tumes des Peuples civilisés ; & qu'elle formât par suite de cette masse de connaissances, un paral-lèle qui en démontrât la variété. Une pareille entreprise parvenue à son terme de perfection, serait peut-être, dans l'ordre moral, le *maximum* des connaissances hu-maines, d'après lesquelles on pour-rait entrevoir de certains rapports

entre les hommes , & se fixer
sur un degré connu de leurs opi-
nions, relativement à des objets
sur lesquels il y a eu tant de dis-
cussions, qu'il est presque impossible de rien déterminer. La découverte du Nouveau Monde, &
celles que les Navigateurs ont
faites depuis cette époque , prêtent beaucoup à démontrer que
les hommes sont par-tout ce que
le climat & l'opinion les rendent (a) : bons ou méchans , voilà

(a) Cette influence du climat & du sol sur le caractère & l'esprit des Nations , est palpable. On a
observé que les Peuples qui habitent les montagnes &
les pays couverts par les bois , sont chasseurs ; ils ont
par conséquent les vices relatifs , la rapine & le vol :
les habitans des plaines cultivées , dont la grande
occupation est le soin de la terre qui leur procure
la vie & l'aisance , ont des passions plus modérées,

les deux extrêmes. Il eſt un terme moyen, qui ſe rapproche infiniment de ces deux termes ; & c'eſt peut-être celui qu'il convient le plus de ſuppoſer à tous les hommes. Formons une courte analyſe de l'homme ſauvage & de l'homme civiliſé , & conſidérons les différences d'après les réſultats. L'homme ſauvage va nud , parce qu'il ne craint point les intempéries des ſaiſons, & qu'étant né libre , il ne porte rien qui lui aſſigne aucune marque de l'eſclavage : d'ailleurs ſes mouvemens acquérant dès l'enfance un degré de flexibilité qui s'ac-

---

plus tranquilles. Cette différence eſt manifeſte , ſi l'on veut y réfléchir.

croît en faisant usage de ses membres, augmentent d'élasticité en proportion de l'âge qu'il acquiert, & de l'habitude d'agir. Sa nourriture est infiniment simple & frugale ; elle se borne le plus communément à des végétaux : l'usage des liqueurs spiritueuses lui étant inconnu, l'eau & le jus des fruits qui font sa boisson la plus ordinaire, laissent fluer dans son sang une lymphe pure, qui répandant sa limpidité bienfaisante sur le genre de ses nerfs extrêmement forts quoique élastiques, ajoute en même tems à la souplesse de ses membres & à la rapidité de ses mouvemens. Il est leste à la course, parce qu'il n'a jamais été gêné par aucun lien qui por-

tât obſtacle à l'uſage libre de ſes
articulations. Sa ,force , qui eſt
extrême, prend ſon origine dans
la pureté de ſon ſang , qui reçoit continuellement par la ſimplicité des alimens , une fluidité
ſuffiſante , qui eſt eſſentielle aux
diverſes opérations du corps. L'e-
xiſtence phyſique de l'homme ſauvage influe néceſſairement ſur
ſon exiſtence morale. Il eſt franc
& ſincère , parce qu'il ne connaît aucun ſujet de feindre, d'où
réſulte eſſentiellement l'extrême
confiance. Ses paſſions & ſes déſirs ne ſont pas exceſſifs ; ſon
tempérament modifié par diverſes cauſes, eſt la cauſe de ſa modération. Il n'eſt point vindicatif ; ennemi de la haine & de

ces paſſions baſſes qui ont de tout tems dégradé l'eſprit des Nations où les Arts ont fait leurs trop rapides progrès , il a la colere & la vengeance du moment ; elles ne peuvent avoir de lon- gues ſuites , parce que l'action n'eſt pas réfléchie. Satisfaire à ſes beſoins , & n'être point gêné dans ſes habitudes , ſont les ſeuls biens qu'il cherche à ſe conſer- ver. Il ſait défendre ſa vie , ſa propriété , ſes biens , & ne cher- che point à envahir ceux de ſes ſemblables. C'eſt ainſi que la nature a fait l'homme ; content de ſon ſort parce qu'il n'en con- naît point de meilleur , il con- temple , il admire ſa bienfai- trice , & n'emploie point de vains efforts pour la rectifier.

L'homme civilifé reçoit en naiffant les premiers fignes d'un efclavage , qui s'appefantit par degrés autant fur fa maniere d'exifter, que fur fa maniere d'agir. Son enfance eft foumife à une infinité de peines qui font inconnues à la nature , & que l'art a fait naître , pour le danger de l'exiftence même. Ses cris font l'expreffion de fes plaintes ; mais comme il eft né pour la douleur, la fenfibilité , compagne de la nature , femble fe refufer à fes gémiffemens, & toute la cruauté des hommes s'exerce fur fon être faible & languiffant. Cet état de langueur qui fuit pas à pas les momens de l'enfance, n'eſt pas le plus grand mal qui l'attend. Parvenu à un terme d'accroiſſement où il commence à reſſentir les atteintes naturelles d'un développement néceſſaire, ce moment eſt l'époque fatale de ſon exiſtence ; il jouit de ſes droits, ſans pouvoir uſer des facultés qui en ſont inſéparables : on gêne pour lui la nature ; & gêné lui-même juſques dans ſa liberté, il n'en apperçoit que l'ombre, il eſt dans l'eſclavage. Si l'ordre phyſique eſt troublé dans ſa puiſſance, par des obſtacles à ſon extenſion, l'ordre moral ne l'eſt pas moins par diverſes influences. Le premier eſſor de la liberté apparente de l'homme civiliſé, ſe manifeste par l'effet de ses passions & de ses goûts. Comme les premieres impressions qu'il a reçues étaient contraires à la nature, il se livre sans réserve à tout ce que la fougue & l'opinion lui suggérent. Avide de tout ce qu'il voit, emporté jusqu'à l'excès, cruel, si on ose le dire, il rejette la voix de la raison même, pour la contraindre dans ses loix. Accablé par les préjugés, qui sont la suite de sa faiblesse, extrême dans ses perceptions comme dans sa maniere d'être, il tyrannise ses sens mêmes, en cherchant le moyen d'en diviser indéfiniment le pouvoir. L'illusion qu'il se fait d'un prétendu bonheur, sert à l'en éloigner, & le rend victime de l'effet qu'il en attend. Il n'y a que la ceſſation des cauſes phyſiques, qui ont réduit l'homme dans un pareil état, qui puiſſe l'en ſouſtraire, ou un effort de raiſon, dont les regles ſont gravées dans ſon cœur, quand il veut les connaître & s'y arrêter. Il acquiert alors ce degré de ſenſibilité eſſentiel à toutes ſes actions ; il trouve en lui des armes propres à le défendre contre les atteintes du préjugé & des fléaux qu'il entraîne. Son bonheur s'augmente en proportion des progrès qu'il fait dans ſes réflexions ſur l'abſurdité de ſa premiere exiſtence, & ſur les biens qu'il doit attendre, en ſe conformant

mant aux loix ſublimes de la raiſon & de la nature.

Ce tableau ſommaire de l'état
phyſique & moral des Peuples
ſauvages & des Peuples civiliſés,
conduit naturellement à conclure
qu'il y a cette différence entr'eux,
que les premiers ſont de petites
Nations diſperſées, ſur leſquelles
l'opinion n'ayant aucun droit im-
médiat, elle ne peut y avoir une
influence générale ; au lieu que
les Peuples civiliſés ſont de grandes Nations, qui, pouvant ſe réu-
nir, peuvent former un tout d'intérêts & d'idées qui les rapproche
des extrêmes que l'on a cités. Il
réſulte donc de cette différence
un enchaînement naturel de faits
analogues & relatifs qu'il ſerait

b

Contraste insuffisant

NF Z 43-120-14

important de connaître ; d'où l'on
peut tirer les conféquences fui-
vantes qui tiennent à l'efprit politique de toutes les Nations.

1°. Que les différens Peuples
des Ifles font plus portés à la liberté que les Peuples des conti-
nens, parce que les Ifles font ordinairement d'une petite étendue ; une partie du Peuple ne
peut pas être employée à oppri-
mer l'autre ; la mer les féparant
des grands Empires, la tyrannie
ne peut pas y prêter la main ;
les conquérans étant arrêtés par
la mer, les Infulaires ne font pas
enveloppés dans la conquête, ils
confervent plus aifément leurs
Loix.

2°. Que les Peuples des con-

tinens font efclaves en raifon in-
verfe de ce qui affure la liberté
des Infulaires, parce que ceux-là
étant réunis & dominés par les
mêmes Loix, ils ne peuvent fe
fouftraire aux actes de violence
qu'entraînent néceffairement l'u-
furpation & la tyrannie ; qu'ils
font accablés par les forces réunies des conquêtes qui peuvent
s'étendre à l'infini fans trouver le
moindre obftacle.

3°. Que la caufe qui produit
tant de fauvages dans les Illes
de l'Amérique, eft, que la terre
y produit d'elle-même & fans culture beaucoup de fruits dont on
peut fe nourrir. Si ces Peuples
cultivent autour de leurs cabanes
un efpace de terre, le *Maïs* y

vient auffi-tôt ; la chaffe & la
pêche libres achevent d'y mettre
les hommes dans l'abondance.
De plus , les animaux qui paif-
fent y réuffiffent mieux que les
bêtes carnacieres. La différence
qu'il y a entre ces climats & l'Europe, eft que , fi on laiffait en
Europe les terres incultes , il n'y
viendrait que des forêts, des chê-
nes, & d'autres arbres ftériles. Il
eft vrai que les hommes , par
leurs foins & par des loix relatives, y ont rendu la terre plus
propre à devenir leur demeure :
on voit des canaux où étaient
auparavant des marais & des
lacs ; c'eft un bien que la nature
n'a point fait, mais qui eft en-
tretenu par elle.

4°. Qu'en général, quand les Nations ne cultivent pas librement les terres, voici dans quelle proportion le nombre des hommes s'y trouve. Comme le produit d'un terrein inculte eſt au produit d'un terrein cultivé ; le nombre des Sauvages dans un pays eſt au nombre des civiliſés dans un autre pays, ſelon la même ſuite de proportions. Ceux-là ne peuvent donc pas former une grande Nation (a).

5°. Que par-tout où la tem-

(a) L'on ne craint point de dire que la plus grande partie de ces quatre articles a été puiſée dans le Livre ſublime de l'Eſprit des Loix, ainſi que pluſieurs Notes que l'on verra dans la ſuite de cet Écrit. Où peut-on prendre de meilleures maximes, ſi ce n'eſt dans l'eſprit de l'homme de génie qui les a ſi mûrement & ſi long-tems réfléchies ?

pérature de l'air eſt égale & douce, où la fertilité du ſol répond
à la douceur du climat , & le
rend propre à recevoir & à nourrir toutes les plantes , tous les
fruits viennent à une parfaite ma-
turité ; les animaux ſe multiplient,
& leurs races ſe perfectionnent ;
où la nature enfin ne s'eſt pas
bornée à enrichir la ſurface de
la terre, & cache dans ſes en-
trailles des tréſors ſans nombre.
Un pays ſi favoriſé de la nature
paraît devoir être un établiſſe-
ment préféré, & l'objet particulier des principales vues des Peuples.

Tant de cauſes phyſiques réunies doivent néceſſairement in-
fluer ſur l'ordre moral, & devenir

l'efquiffe d'un fyftême qui doit être généralement adopté par tous les hommes. Car il en eft des événemens comme de toutes les chofes humaines : ceux qu'on a long-tems attendu , fe font d'autant plus défirer ; & les impreffions qu'ils produifent , font d'autant plus fenfibles.

Dans l'état actuel des chofes, fi la plupart des Nations anciennement fauvages fe font rendues à l'empire de la civilifation, c'eft au commerce & à la politique réunie des hommes civilifés à qui il appartient d'opérer la révolution générale & tant défirée, & à qui l'efprit humain devra un jour l'affociation libre, entiere & parfaite de tous les hommes. Que fi ; dans leurs ufages , leurs mœurs, dans leurs Loix mêmes, toutes les Nations du monde connu n'ont pas des affinités géométriquement exactes , il régnera du moins entr'elles une harmonie qui doit déterminer l'avantage & le bonheur de l'efpèce humaine.

ESSAI

SUR L'ISLE

D'OTAHITI.

Opinion sur la découverte de l'isle d'Otahiti, & sur son nom.

LA plupart des Navigateurs, entr'autres le Capitaine Cook, Anglais, dans son Voyage autour du monde en 1772, 1773, 1774 & 1775, attribuent la découverte de cette Isle à *Quiros*, qui, appareillant de Lima au Pérou en 1605, l'apperçut le premier le 10 Février 1606, & lui donna le nom de *Sagittaria* (a). Le Capitaine Wallis l'a nommée *l'Isle de Georges III*.

(a) Cook, t. I, p. 298.

Abrégé des Voyages & des Découv. dans la mer du Sud, par M. d'Alrymple, t. I.

A

Le Capitaine Cook, dans fon premier Voyage, a donné à cette Ifle le nom d'*Otaheité*. M. Forfter, qui a fait le même voyage, dit qu'on doit l'appeller *Otahiti*. M. Bougainville dans fon Voyage autour du monde, femble s'accorder particuliérement avec ce dernier (*a*). D'où l'on peut conclure, d'après les témoignages des Naturels même, que cette Ifle peut être appellée *Otahiti :* car *Otaheité*, qui eft l'expreffion Anglaife, & *Otahiti* font fynonimes. L'Ifle d'Otahiti n'a pas moins de 40 lieues de circonférence, & fon plus grand diamètre eft d'environ 15 lieues (*b*). Elle eft fituée dans le Tropique du Capricorne, & fa longitude eft de 150 d. 40′ 17″ à l'Oueft de Paris (*c*). M. Bougainville ne fait monter le nombre de fes habitans qu'à 70,000 ; mais il peut être

Sa grandeur & fa fitua-tion.

Nombre des habitans.

(*a*) Note du Trad. Cook, t. I, p. 271.
(*b*) Bougainville, t. III, p. 62.
(*c*) Bougainv. t. II, p. 65.

évalué fur un calcul affez jufte, fait par M. Cook, d'après l'armement d'une flotte dont on verra la defcription. *En admettant*, dit-il, *que chaque Diftrict de l'Ifle*, (*il y en a 40*) *arme le même nombre de pirogues que celles dont on verra le nombre*, *on trouvera que l'Ifle peut équipper 1720 pirogues de guerre*, *& 68,000 hommes*, *à 40 pour chaque bâtiment. Et comme les guerriers ne peuvent pas prendre plus du tiers de la population des deux fexes*, *y compris les enfans*, *toute l'Ifle doit contenir au moins 240,000 habitans*; *nombre qui paroît incroyable au premier moment*; *mais quand on réfléchit à ces effains de Taïtiens qu'on rencontre par-tout où l'on fe trouve*, *on refte convaincu que cette évaluation n'eft pas trop forte. Rien ne prouve mieux la fertilité & la richeffe du pays*, *qui n'a que 40 lieues de tour* (*a*).

Otahiti, qui offre de loin une perf- pective agréable, & dont la beauté fe Defcription de l'Ifle.

_____

(*a*) Cook, tom. II, p. 367.

développe à fon approche , devient plus
enchantereffe à mefure qu'on fait des
excurfions fur la plaine. L'Ifle eft envi-
ronnée par un récif de rochers de corail , qui forme des baies & des ports
excellens. Le mouillage eft affez vafte,
& l'eau eft affez profonde pour contenir un grand nombre de gros vaiffeaux.
Excepté la partie qui borde la mer , la
furface du pays eft très-inégale : elle
s'éleve en hauteurs qui traverfent le milieu de l'Ifle , & y forme des montagnes affez élévées. Entre le pied de ces
montagnes & la mer , il y a une bordure de terre baffe , qui environne prefque toute l'Ifle , & il y a peu d'endroits
où les hauteurs aboutiffent directement
fur les côtes de l'Océan. Sur le fommet
des montagnes , le fol eft par-tout extrêmement riche & fertile , arrofé par
un grand nombre de ruiffeaux d'une
eau excellente , & couverts d'arbres
fruitiers de diverfes efpeces , & en fi
grande quantité , qu'ils forment un bois

continu. Quoique la cime des montagnes ſoit en général ſtérile & brûlée par le ſoleil, la terre y donne cependant des productions en pluſieurs endroits. Les vallées & la terre baſſe ſont les ſeules parties de l'Iſle qui ſoient habitées (a).

Le principal havre où mouillent les vaiſſeaux, eſt très-petit. La plaine de ce côté au pied des collines étant aſſez reſſerrée, préſente l'image de la fertilité, de l'abondance & du bonheur. Elle ſe partage entre les collines, & forme une longue vallée étroite, couverte de plantations entremêlées de maiſons. Les pentes des collines revêtues de bois, ſe coupent les unes & les autres des deux côtés, & derriere la vallée on apperçoit les montagnes de l'intérieur du pays ſéparées en différens pics, & entr'autres, une pointe remarquable (b), dont le

_____

(a) Relat. de Cook, Bank & Soland. t. II, p. 444.
(b) Pointe de Vénus.

A iij

fommet courbé d'une maniere effrayan‑
te, femble à chaque inftant fur le point
de tomber. La férénité du ciel, la douce
chaleur de l'air, la beauté du payfage,
tout amufe & enchante l'imagination,
& infpire la gaieté (a).

L'hiver ne refroidit pas l'air, comme
dans les climats éloignés du Tropique;
c'eft cependant le tems où la végétation
recrée les fucs qui ont formé la der‑
niere récolte, & en amaffe de nouveaux.
Plufieurs plantes dépofent alors leurs
feuilles; quelques-unes meurent jufqu'à
la racine; les autres fe deffechent, parce
qu'elles font privées de la pluie. Il ne
pleut plus dans ce tems, parce que le
foleil eft dans un hémifphere oppofé.
Un brun pâle & fombre couvre toutes
les plaines; les montagnes élevées con‑
fervent feulement des teintes un peu
plus brillantes dans leurs forêts humec‑
tées par les brouillards qui pendent fur

_____

(a) Cook, t. I, p. 313.

leurs cimes. Les Naturels tirent de ces
forêts une grande quantité de plantains
fauvages *Vahée*, & cette herbe parfu-
mée *E-ahaï*, avec laquelle ils donnent
à leur huile de noix de cocos une
odeur très-fuave. Le délabrement où
l'on voit le fommet des montagnes,
femble avoir été caufé par un tremble-
ment de terre; & les laves qui com-
pofent la plupart des rochers, & dont
les Infulaires font plufieurs outils, prou-
vent qu'il y a eu autrefois un volcan
fur cette Ifle. Le riche fol des plaines,
qui eft un terreau végétal, mêlé de dé-
bris de volcans & de fable de fer noir
qu'on trouve fouvent aux pieds des
collines, confirment cette affertion. Les
allées extérieures des collines, qui font
quelquefois extrêmement ftériles, contiennent beaucoup de glaizes jaunâtres,
mêlées avec de la terre ferrugineufe;
mais les autres font couvertes de terreau, & boifées comme les plus hautes
montagnes: on y rencontre des mor-

ceaux de *quartz*. Les Voyageurs n'ont
cependant rien vu qui indiquât des mi-
néraux précieux, ou des métaux d'aucune espece, excepté le fer, qui même
est en petite quantité dans les terres
qu'on y ramasse. L'intérieur des montagnes cache peut-être des mines de fer
assez riches pour être fondues. Quant
aux morceaux de fer qu'un Voyageur a
dit être une production de Taïti, il est
permis de révoquer en doute ce fait,
puisque le salpêtre natif n'a jamais été
trouvé en masse solide (a).

Description de la vallée de Matavaï.

Les Naturels appellent *Toooa-oroo*
un lieu de cette Isle qui présente une
vallée délicieuse, perpétuellement ani-
mée par la pureté du ciel & de l'athmos-
phère. On y voit par-tout des plantations fort étendues & en bon ordre,
& des habitations construites en plusieurs endroits. On y apperçoit les Naturels travaillant à la construction des

_____

(a) Cook, t. I, p. 348.

pirogues. Toute cette contrée annonce l'abondance & le bonheur : des troupeaux de cochons, qui eſt l'animal le plus commun dans ce pays, rodent autour de chaque cabane. On ne paſſe jamais devant une hutte ſans que les habitans n'y invitent les voyageurs d'entrer & de prendre des rafraîchiſſemens : on ne peut ſe défendre de leur invitation, & ne pas être touché de leur civilité naïve. En avançant environ à un mille, la colline, ſur le côté oriental, offre une coupe perpendiculaire de 40 verges de hauteur, dont le deſſus formant une inclinaiſon, eſt revêtu d'arbriſſeaux juſqu'à une élévation conſidérable. Une belle caſcade tombe perpétuellement de cette partie feſtonnée dans la riviere, & anime la ſcene, qui d'ailleurs eſt triſte & ſauvage, mais pittoreſque. En avançant davantage, on obſerve que pluſieurs angles de ce rocher perpendiculaire ſe projettent en ſaillies ; & lorſqu'on a marché dans

l'eau pour arriver au pied, on le trouve
compofé de colonnes réelles d'un *balzate* noir & compact, dont les Naturels font des outils. Ces colonnes font
debout, paralleles & jointes l'une à
l'autre ; leur diamètre ne femble pas
excéder 15 ou 16 pouces ; on n'y remarque qu'un ou deux angles qui foient
faillans. Comme tous les Naturaliftes
fuppofent que le balzate eft une production de volcans, c'eft une nouvelle
preuve que Taïti a éprouvé beaucoup
de bouleverfemens par l'action des feux
fouterreins, où la nature a un labora-
toire immenfe, propre aux opérations
de la chymie les plus étonnantes (*a*).

Hiftoire naturelle.

Quoi qu'il en foit, il paraît prefque
certain qu'il n'y a point de mines; les
habitans n'ont aucune idée des métaux
(*b*). Pour fuivre littéralement la defcription de l'ifle d'Otahiti, il faut confidé-

(*a*) Cook, t. II, p. 346. Relat. de Forft.
(*b*) Bougainv. t. II, p. 71.

rer les différentes especes de productions & leurs usages. On trouve dans
une des premieres vallées d'*Opparrée*
un arbre superbe, qu'un voyageur a
nommé *Baringtonia*. Il y a une grande
abondance de fleurs plus larges que des
lis , & parfaitement blanches, excepté
la pointe de leurs nombreux filets, qui
est d'un cramoisi billant. Les Naturels,
qui donnent à l'arbre le nom d'*huddoo*,
assurent de la meilleure foi du monde,
que si on brise le fruit qui est une grosse
noix, & qu'après l'avoir mêlé avec des
poissons à coquilles, on le répande sur
la mer, il enchante & enivre les poissons pendant quelque tems, de maniere
qu'ils viennent à la surface de l'eau, &
qu'ils se laissent prendre à la main. Il
est à remarquer que diverses plantes ma-
ritimes des climats du Tropique ont cette
singuliere propriété (*a*). Les palmiers de
ce pays s'élevent au-dessus des autres

_____

(*a*) Cook, t. I, p. 380.

arbres; les *Bananiers* déploient leurs larges feuillages, & on apperçoit quelques *Bananes* bonnes à manger. D'autres arbres couverts d'un verd sombre,
portent des pommes d'or, qui par le jus
& la saveur, ressemblent à l'*Ananas*.
Les espaces intermédiaires sont remplis
de petits mûriers dont les Insulaires
emploient l'écorce à fabriquer des étoffes de différentes especes d'*Arum*, ou
deddées, dignamn, de cannes de sucre,
&c. (*a*). Il y a dans l'Isle une quantité
de ces dernieres productions dont les
Naturels ne font d'autres usages que de
les mâcher, & même cela ne leur arrive
pas habituellement. Ils en rompent seulement un morceau lorsqu'ils passent
par hazard dans les lieux où croît cette
plante. (*b*). Les cabanes des Naturels,
placées à l'ombre des arbres fruitiers;
sont assez éloignées les unes des autres,

(*a*) Cook, t. I, p. 315.
(*b*) Bank & Soland, t. II, p. 156.

& entourées d'arbriſſeaux odorans, tels
que le *Gardenia*, la *Guettarda*, & le
Calophyllum. On eſt autant charmé de
la ſimplicité élégante de leur ſtructure
que de la beauté naturelle des bocages
qui les environnent. Les longues feuilles du *Pandang* ou palmier ſervent de
couverture à ces édifices ſoutenus par
des colonnes d'arbres à pain. Comme
un ſimple toît ſuffit pour mettre les
habitans à l'abri des pluies & des roſées
de la nuit, & que le climat de cette
Iſle eſt peut-être un des plus délicieux
de la terre, les maiſons ſont ouvertes
dans les côtés; quelques-unes cependant deſtinées aux opérations ſecretes,
ſont entiérement fermées avec des *Bam-
boux* réunis par des pieces tranſverſales
de bois, de maniere à donner l'idée
d'une vaſte cage; celles-là ont communément un trou par où l'on entre, ce
trou eſt fermé par une planche. On
obſerve devant chaque hutte, des group-
pes d'habitans couchés ou aſſis comme

les Orientaux, c'eſt-à-dire, accroupis
ſur un gazon ou ſur une herbe ſéche,
& paſſant ainſi des momens fortunés
dans la converſation ou dans le repos.
Lorſque des étrangers viennent à eux,
les uns ſe levent & ſe joignent à la
foule qui ne manque pas de ſuivre ;
mais ceux d'un âge mûr reſtent dans
la même attitude, ſe contentant de crier
Tayo, qui eſt le terme de civilité lorſqu'on paſſe près d'eux. Une variété conſidérable de plantes ſauvages s'apperçoit
au milieu des plantations, dans ce beau
déſordre de la nature qui eſt ſi admirable, & qui ſurpaſſe infiniment la ſym-
métrie des jardins les plus réguliers.
On y trouve pluſieurs herbes, qui,
quoique plus rares dans les pays du
nord, cependant en croiſſant toujours
à l'ombre, ſemblent fraîchir & former
des lits de verdure d'une extrême mo-
leſſe. Il y a d'ailleurs aſſez d'humidité
dans le ſol pour nourrir les arbres. De
petits oiſeaux rempliſſent les bocages ;

leur chant eſt très-agréable, quoiqu'on
diſe communément en Europe que les
oiſeaux des climats chauds ſont privés
du talent de l'harmonie. De très-petits
péroquets d'un joli bleu de ſaphir habitent la cime des *cocotiers* les plus éle-
vés, tandis que d'autres d'une couleur
verdâtre & tachetés de rouge, ſe montrent ordinairement parmi les *bananes* &
ſouvent dans les habitations des Naturels qui les apprivoiſent & qui eſtiment
beaucoup leurs plumes rouges. Le *Mar-
tin-pêcheur* d'un verd ſombre avec un
collier de la même couleur ſur ſon
col blanc, le gros coucou, & pluſieurs
ſortes de pigeons & de tourterelles,
ſe juchent d'une branche à l'autre, tandis que le heron bleuâtre ſe promène
gravement ſur les bords de la mer,
mangeant des poiſſons à coquilles &
des vers. De beaux ruiſſeaux qui rou-
lent leurs ondes argentées ſur des lits
de cailloux, deſcendent des vallées
étroites, & à leur embouchure dans la

mer offrent leurs eaux aux voyageurs qui
en ont besoin (a). Il y avoit en 1767 &
1768 à Otahiti une grande quantité de
volailles & de cochons. La chair de ces
derniers n'a rien de cette saveur fade
qui fait qu'on s'en dégoûte sitôt en
Europe, quand il n'est pas salé. On
peut comparer la graisse des cochons
d'Otahiti à la moëlle, & le maigre
a presque le goût du veau. Les végétaux que mangent cette sorte de cochons, semblent être la cause principale
de cette différence; ils peuvent même
avoir influé sur l'instinct naturel de ces
animaux. Ils sont de cette petite race
qu'on nomme communément chinoise,
ils n'ont pas ces oreilles pendantes,
caractere de l'esclavage, suivant M. de
Buffon. Il sont aussi infiniment plus
propres que les cochons d'Europe, &
ils ne paroissent pas suivre le sale usage
de se vautrer dans la fange. Il est cer-

_____

(a) Cook, t. I, p. 315.

tain

tain que ces animaux font partie des ri-
cheffes réelles des Otahitiens. On en
voit un grand nombre, quoique les Naturels aient grand foin de les cacher aux
étrangers. Cependant l'extirpation entiere de cette race ne leur cauferait pas
une grande perte, d'autant qu'actuellement ils font devenus un objet de luxe
qui appartient aux Chefs de la Nation.
En général, ils ne tuent des cochons
que très-rarement, ou dans certaines
occafions folemnelles ; mais alors les
Chefs mangent du porc avec toute la
gloutonnerie & la voracité qu'un gour-
mand d'Europe mangerait des ortolans.
Le peuple en mange à peine quelques
morceaux, quoiqu'il ait toute la peine
de les nourrir & de les engraiffer. On
peut attribuer à deux caufes la rareté
des cochons à Otahiti, d'abord à la
quantité qu'on en a confommée, & à
celle qu'en ont emportée les Vaiffeaux
qui y relâchent, & enfuite aux guerres
fréquentes que fe font les deux Royau-

B

mes. On en connaît deux depuis 1767
jufqu'en 1773. La paix regne actuellement entre les deux péninfules , mais
les Indiens ne femblent pas avoir beaucoup d'amitié les uns pour les autres (*a*).
Le peu d'étendue de l'Ifle & fon vafte
éloignement du continent oriental ou
du continent oueft , ne comporte pas
une grande variété d'animaux ; on n'y
voit en quadrupedes que des cochons,
des chiens domeftiques, & des quanti-
tés incroyables de rats, que les Naturels laiffent courir en liberté fans jamais
effayer de les détruire. Il y a affez d'oi-
féaux , affez de poiffons , parce que
cette claffe d'animaux parcourt plus
aifément une partie de l'Océan à l'autre , & fur-tout dans la Zone torride,
où certaines efpeces font communes
autour du monde (*b*). Deux ou trois
arbres à pain qui croiffent prefque fans

(*a*) Cook, t. I, p. 452.
(*b*) Cook, t. I, p. 322.

culture, & qui fubfiftent plus long-tems que la vie d'un homme, fourniffent à chaque particulier une nourriture fraîche & abondante les trois quarts de l'année ; ils en font fermenter, & ils en confervent pour les trois autres mois. Les plantes qui à Otahiti exigent le plus de foins, comme les choux & les racines d'*Eddo*, en exigent beaucoup moins que les végétaux de nos jardins. On plante un arbre à pain, en détachant une de fes branches qu'on enfonce en terre à une moyenne profondeur. La banane, dont la riche grappe femble au poids trop pefante pour une tige herbacée, fe reproduit du pied de la racine. Le palmier royal, qui eft tout-à-la-fois l'ornement de la plaine & d'une extrême utilité aux habitans, la pomme d'or & beaucoup d'autres fruits, y viennent en fi grande abondance & avec fi peu de peine, qu'on peut les appeller fpontanés (a).

_____

(a) Cook, t. II, p. 36c.

Les habitans d'Otahiti font grands, bien faits, agiles, difpos, & d'une figure agréable. La taille des hommes en général eft de 5 pieds 7 à 10 pouces ; il y en a peu qui foient plus petits, ou d'une taille plus haute : celle des femmes, de 5 pieds 6 pouces. Le teint des hommes eft bazané, & ceux qui vont fur l'eau font beaucoup plus bronzés que ceux qui reftent toujours à terre, ainfi que dans nos climats. Leurs cheveux font ordinairement noirs, & quelquefois bruns, rouges ou blonds, ce qui eft digne de remarque, puifque tous les cheveux de tous les Naturels d'Afie, d'Afrique & d'Amérique font noirs fans exception. Ils les nouent dans une feule touffe fur le milieu de la tête, ou les divifent en deux parties ; d'autres cependant les laiffent flottans, & alors ils frifent avec beaucoup de roideur : les enfans des deux fexes les ont ordinairement blonds. Leurs cheveux font arrangés très-proprement ; quoiqu'ils ne connoissent pas l'usage de se peigner, ceux à qui on donne des peignes, savent très-bien s'en servir. C'est un usage parmi eux de s'oindre la tête avec une huile de cocos, dans laquelle ils infusent la poudre d'une racine qui a une odeur approchante de celle de la rose. Toutes les femmes sont jolies, & quelques-unes d'une très-grande beauté relativement à nos climats (a). Il est naturel de penser que le climat & ses productions contribuent à l'égard des hommes à la souplesse plutôt qu'à la force de leur corps ; & à l'égard des femmes, à l'élégance de leurs formes. Les hommes ont les traits de la douceur, & leur visage ne porte point l'empreinte des passions ; leurs grands yeux, leurs sourcils arqués, & leur front élevé, donnent de la noblesse à leur tête qu'ornent d'ailleurs une barbe fournie & de beaux cheveux. Quelques Navigateurs ont dit

_____

(a) Bank & Soland. t. II, p. 150.

B iij

que les Taïtiens s'arrachent les poils de la levre supérieure, de la poitrine & des aiſſelles : mais cette coutume n'eſt pas générale ; les Chefs, & en particulier le Roi lui-même, conſervent leurs mouſtaches. (a).

Uſage de
ſe peindre.
C'eſt un uſage univerſel parmi les hommes & les femmes, de ſe peindre les feſſes & le derriere des cuiſſes avec des lignes noires très-ſerrées, & qui repréſentent diverſes figures. Ils ſe piquent la peau avec la dent d'un inſtrument aſſez reſſemblant à un peigne; ils mettent dans les trous une eſpece de

_____

(a) Cook, tom. II, p. 360.

Les peuples qui ne cultivent point les terres, n'ont pas même l'idée du luxe. Qu'on ſe reſſouvienne de l'admirable ſimplicité des Germains ; les arts ne travaillaient point leurs ornemens, ils les trouvaient dans la nature. Si la famille de leur Chef devait être remarquée par quelque ſigne, c'était dans cette même nature qu'ils devaient le chercher : les Rois des Francs, des Bourguignons & des Viſigoths, avaient pour diadème leur longue chevelure. (Monteſq. Eſp. des Loix, tom. I, p. 401.)

pâte composée d'huile & de suie, qui laisse une tache ineffaçable. Les petits garçons & les petites filles au-dessous de douze ans, ne portent point ces marques. Il y a quelques hommes qui se piquent les jambes en échiquier de la même maniere ; ceux-là ont un rang distingué & une autorité sur les autres Insulaires (a).

La plus grande partie des Insulaires, parmi les jeunes gens, font absolument nuds. L'habillement des hommes & des femmes a assez bonne grace, & leur sied fort bien : il est fait d'une espece d'étoffe blanche que leur fournit l'écorce d'un arbuste, & qui ressemble beaucoup au gros papier de la Chine. Deux pieces de cette étoffe forment leur vêtement ; l'une qui a un trou au milieu pour y passer la tête, pend depuis les épaules jusqu'à mi-jambes devant & der-

_____

(a) Bank & Soland. t. II, p. 150.

riere ; l'autre a 4 ou 5 verges de longueur , & environ une de largeur : ils
l'enveloppent autour de leur corps fans
la ferrer. Cette étoffe n'eſt point tiſſue,
elle eſt fabriquée , comme le papier ,
avec les fibres ligneuſes d'une écorce intérieure qu'on a fait macérer , & qu'on
a enſuite étendues & battues les unes
ſur les autres. Les plumes , les fleurs ,
les coquillages & les perles font partie
de leurs ornemens & de leur parure ;
ce font les femmes ſur-tout qui portent
les perles ; elles font d'une couleur aſſez
brillante , mais elles font toutes écail-
lées par les trous qu'on y fait. Les femmes , pour leur commodité , arrangent
de pluſieurs manieres différentes , ſui-
vant leurs talens & leur goût , la ſimple draperie d'une longue étoffe blanche. Il n'y a point parmi elles de mo-
des qui les aſſujettiſſent , par opinion , à
ſe défigurer comme en Europe : une grace
naturelle accompagne leur ſimplicité *(a)*.

_____

(a) Bank & Soland. t. II , p. 150.

Les habits de deuil, compofés des productions les plus rares de l'Ifle & de la mer qui l'environne, & travaillés avec un foin & une adreffe extrêmes, doivent être parmi eux d'une prix confidérable. Cet ajuftement remarquable par fa bifarrerie, confifte en une planche légère d'une forme demi-circulaire d'environ 2 pieds de long, & de 4 à 5 pouces de large. Cette planche eft garnie de cinq coquilles de nacre de perles choifies, attachées à des cordons de bourre de *cocos*, paffés dans les bords des coquilles & dans plufieurs trous dont le bois eft percé : une autre coquille de la même efpece, mais plus grande, feftonnée de plumes de pigeons gris-bleu, eft placée à chaque extrêmité de cette planche, dont le bord concave eft tourné en haut. Au milieu de la partie concave, il y a deux coquilles qui forment enfemble un cercle d'environ 6 pouces de diamètre, & au fommet de ces coquilles, il y a un très-grand

morceau de nacre de perle oblong, s'é-
largiſſant un peu vers l'extrêmité ſupérieure , & de 9 à 10 pouces de hauteur. De longues plumes blanches de
la queue des oiſeaux du Tropique , forment autour un centre rayonnant. Du
bord convexe de la planche , pend
un tiſſu de petits morceaux de nacre
de perle , qui par l'étendue & la forme
reſſemble à un tablier ; on y compte
10 ou 15 rangs de pieces d'environ 1
pouce $\frac{1}{4}$ de long, & $\frac{1}{10}$ de pouce de large ; chacune eſt trouée aux deux extrê-
mités , afin de pouvoir ſe poſer ſur d'autres rangs. Les rangées ſont parfaitement
droites , & parallèles entr'elles ; les ſu-
périeures coupées & extrêmement cour-
tes , à cauſe du demi-cercle de la planche ; les inférieures ſont auſſi communément plus étroites , & aux extrêmités
de chacune eſt ſuſpendu un cordon orné
de coquillages , & quelquefois de grains
de verre d'Europe. Du haut de la planche , flotte un gland ou une queue ronde

de plumes vertes & jaunes fur chaque
côté du tablier, ce qui eft la partie la
plus brillante du vêtement. Toute cette
parure tient à une groffe corde attachée
autour de la tête du pleureur. L'ajuftement tombe perpendiculairement devant
lui. Le tablier cache fa poitrine & fon
eftomac; la planche couvre fon col &
fes épaules, & les deux premieres coquilles mafquent le vifage. Une de ces
coquilles eft percée d'un petit trou, à
travers lequel celui qui la porte regarde
pour fe conduire. La coquille fupérieure
& les longues plumes dont elle eft en-
tourée s'étendent à au moins 2 pieds
au-delà de la hauteur naturelle de l'homme; le refte de l'habit n'eft pas moins
remarquable. Le pleureur met d'abord
le vêtement ordinaire du pays, c'eft-à-
dire, une natte, ou une piece d'étoffe
trouée au milieu, comme il a été dit;
il place deffus une feconde piece de la
même efpèce, mais dont la partie de
devant, qui retombe prefque jufqu'aux

pieds, eſt garnie de boutons de coques
de noix de *cocos*. Une corde d'étoffe
brune & blanche attache ce vêtement
autour de la ceinture. Un large man-
teau de rézeau entouré de grandes plumes bleuâtres couvre tout le dos, &
un turban d'étoffes brunes & jaunes,
retenues par de petites cordes brunes
& blanches, eſt placé ſur la tête. Un
ample chaperon de rayures d'étoffes
parallèles, & alternativement brunes,
jaunes & blanches, deſcend du turban
ſur le col & ſur les épaules, afin qu'on
ne voie de la figure humaine que le
moins poſſible. Ordinairement le plus
proche parent du mort porte cet habillement biſarre. Il tient dans une main
deux grandes coquilles perlieres, avec
leſquelles il produit un ſon continu, &
dans l'autre un bâton armé de dents de
goulu, dont il frappe tous les Naturels
qui s'approchent par hazard de lui. On
n'a jamais pu découvrir quelle a été
l'origine de cette ſinguliere coutume,

mais il semble qu'elle est destinée à in∫-
pirer de l'horreur ; & l'ajustement bi-
farre qu'on vient de décrire, ayant cette
forme effrayante & extraordinaire que
les femmes attribuent aux esprits & aux
fantômes, on est tenté de croire qu'il
y a quelque superstition cachée sous cet
usage funéraire. Peut-être imaginent-ils
que l'ame du mort exige un tribut d'af-
fliction & de larmes, & c'est pour cela
qu'ils appliquent à ceux qu'ils rencontrent des coups de dent de *goulu*. Ils
accompliraient mieux cette maxime,
s'ils s'en frappaient eux-mêmes (*a*).

C'est un usage de distinction parmi
les Otahitiens que de porter les ongles
des doigts fort longs, parce que pour
les laisser croître de cette longueur, il
ne faut pas être obligé de travailler.
Les Chinois ont la même coutume. Cet
usage singulier est répandu chez beaucoup d'autres Nations. Les premiers

Usage
de porter
les ongles
longs.

_____

(*a*) Cook, t. II, Relat. de Forst. p. 312.

Voyageurs ont rapporté cette singuliere coutume, mais ils n'en donnent pas la cause. M. de Meunier en trouve le motif dans l'exemple des Espagnols, qui ont l'ongle de l'index & du petit doigt fort longs, afin de s'écurer les oreilles & de pincer de la guittare : d'où il tire la conséquence que les Otahitiens ont peut-être adopté le même usage pour jouer de quelque instrument (*a*). Mais on verra par la suite, par la description de leurs instrumens, & par la maniere dont ils s'en servent, que leurs ongles sont superflus pour cet usage.

Usage particulier, relatif à leur origine.

Les Insulaires ont l'habitude de saluer ceux qui éternuent, en leur disant : *Eva-roua-t-Eatoua*, que le bon *Eatoua* te réveille, ou bien que le mauvais *Eatoua* ne t'endorme pas. Voilà des termes d'une origine commune avec les Nations de l'ancien Continent (*b*).

_____

(*a*) Esp. des usages des différens Peuples, t. II, p. 201.

(*b*) Boug. t. II, p. 85.

Les Naturels fabriquent leurs étoffes en battant l'écorce fibreuse du mûrier. Ils se servent pour cela d'un morceau de bois quarré, qui a des sillons longitudinaux & parallèles, plus ou moins serrés suivant les différens côtés. Ils se servent de maillet pour battre, & d'une poutre au lieu de table ; ils mettent dans une gousse de noix de cocos une espece d'eau glutineuse, dont ils se servent de tems à autre pour coller ensemble les pieces de l'écorce. Cette colle, qui vient de l'*hibicus esculentus*, est absolument essentielle dans la fabrique de ces immenses pieces d'étoffes, qui ayant quelquefois deux ou trois verges de large, & 50 de long, sont composées de petits morceaux d'écorce d'arbres d'une très-petite épaisseur. En examinant avec soin leurs plantations de mûriers, on n'en trouve jamais un seul de vieux ; dès qu'ils ont deux ans, on les abat, & de nouveaux s'élevent de sa racine : car il n'y a pas d'arbre qui se multiplie davantage; & si on le laissait croître jusqu'à ce qu'il fût en fleurs, & qu'il pût porter des fruits, peut-être couvrirait-il bientôt le pays. Il faut toujours enlever l'écorce des jeunes arbres. On a soin que leur tige devienne longue sans aucunes branches, excepté seulement au sommet; de sorte que l'écorce est la plus entiere possible. Les femmes occupées du travail qu'on vient de décrire, portent de vieux vêtemens déguenillés & fort sales, & leurs mains accoutumées à ces sortes de travaux assez pénibles pour un sexe faible, sont très-dures & très-calleuses (*a*).

Travaux.
Écluses.

Il y a des vallées dans l'Isle assez fertiles, où des ruisseaux en coulant fuient vers la mer. Les Naturels y ont construit plusieurs sortes d'écluses, afin d'élever l'eau, & de la conduire dans leurs plantations de *Tarro arcum esculentum*, qui exige un sol très-humide, & quelquefois inondé (*b*).

(*a*) Cook, t. I, p. 319.
(*b*) Cook, t. I, p. 374.

Les pirogues de ces peuples sont de différentes espèces. Quelques-unes sont composées d'un seul arbre, & portent de deux à six hommes ; ils s'en servent sur-tout pour la pêche. D'autres sont construites de planches jointes ensemble très-adroitement ; elles sont plus ou moins grandes, & portent de dix à quarante hommes. Ordinairement ils en attachent deux ensemble, & entre l'une & l'autre ils dressent un mât, & quelquefois deux. Les pirogues simples n'ont qu'un mât au milieu du bâtiment, & un balancier sur un des côtés. Avec ces navires, ils font voile bien avant dans la mer, & probablement jusques dans d'autres Isles, dont ils rapportent des fruits du *plane*, des *bascanes*, des *ignames*, qui semblent y être plus abondans qu'à Otahiti. Ils ont encore une autre espèce de pirogues, qui paraissent destinées aux parties de plaisirs & aux fêtes d'appareil. Ce sont de grands bâtimens sans voiles, dont la forme res-

Construction des pirogues. Leur usage.

C

semble aux gondoles de Venise ; ils élevent au milieu une espèce de toit : ils s'asseyent les uns dessous , les autres dessus. Ces promenades ne se font que dans les beaux jours , & les Naturels y sont parés d'une maniere distinguée. Pour ce qui est de la construction des pirogues, ils fendent un arbre dans la direction de ses fibres, en planches aussi minces qu'il leur est possible , & c'est de ces différens morceaux qu'ils les construisent. Ils abattent d'abord l'arbre avec une hache faite d'une espèce de pierre dure & verdâtre, à laquelle ils adaptent fort adroitement un manche. Ils coupent ensuite le tronc, suivant la longueur dont ils veulent en tirer des planches ; ils brûlent un des bouts, jusqu'à ce qu'il commence à se gercer, ils le fendent ensuite avec des coins d'un bois dur. Quelques-unes de ces planches ont deux pieds de largeur, & quinze à vingt pieds de long. Ils en applanissent les côtés avec de petites haches qui font de pierre. Six ou huit hommes travaillent quelquefois fur la même planche. Comme leurs inftrumens font bientôt émouffés, chaque ouvrier a près de lui une coque de noix de cocos remplie d'eau, & une pierre polie, fur laquelle il aiguife fa hache prefque à toutes les minutes : ces planches ont ordinairement l'épaiffeur d'un pouce. Afin de joindre ces planches, ils font des trous avec un os attaché à un bâton qui leur fert de vilebrequin ; mais depuis que les Européens leur ont apporté des clous, dont ils font fort avides, ils s'en fervent avec avantage. Ils paffent dans ces trous une corde treffée, qui lie fortement les planches l'une à l'autre ; les coutures font calfatées avec des joncs fecs, & l'extérieur du bâtiment eft enduit d'une gomme que produifent quelques-uns de leurs arbres, & qui remplace très-bien l'ufage de la poix. Le bois dont ils fe fervent pour leurs grandes pirogues, eft une efpèce

de pommier très-droit , & qui s'éleve
à une hauteur confidérable. Il y en a
qui ont jufqu'à 8 pieds de circonférence
au tronc, & 24 à 40 de contour à la
hauteur des branches. Les plus petites
pirogues ne font que le tronc creux
d'un arbre à pain , qui eft plus léger &
plus fpongieux encore que celui du pommier , qui l'eft déja beaucoup (a).

Maniere
de pêcher.
　　La principale riviere produit des poiffons de plufieurs manieres , & de belles
écreviffes à peu de diftance de la côte.
Les Naturels pêchent avec des lignes &
des hameçons de nacre de perle , des
perroquets de mer , qu'ils aiment fi paf-
fionnément , qu'ils ne veulent pas en
vendre aux étrangers , malgré tout le
prix poffible qu'on y attache. Ils ont
encore de très-grands filets à petites
mailles , avec lefquels ils pêchent certains poiffons de la grandeur des fardi-
nes (b).

(a) Bank & Soland, t. II , p. 157.
(b) Bank & Soland, t. II , p. 150.

Après avoir donné la description des Funérailles habits de deuil, il faut donner celle des funérailles, qui n'est pas moins extraordinaire. Les Insulaires appellent *Moraï*, les lieux où ils vont rendre aux morts des cultes religieux. Ils sont faits en pierre en forme de pyramides, dont la base est un parallélogramme. Ces bâtimens ont environ 44 pieds de hauteur. Outre le nombre immense de pierres qui entre dans la structure de ces sortes d'édifices, le corail blanc y est employé avec profusion. On est étonné de voir de pareilles masses construites sans instrument de fer pour tailler les pierres, & sans mortier pour les joindre ; cependant la structure est aussi compacte & aussi solide que les édifices d'Europe. Aux environs de ces *Moraï*, il y a des *Ewaltaï* ou petits autels, en assez grande quantité ; ils servent à placer des provisions de toute espèce en offrande à leurs Dieux (*a*).

(*a*) Cook, Bank & Soland. t. II, p. 422.

C iij

Le hangard fous lequel on place le mort, eft joint à la maifon qu'il habitait pendant fa vie. L'un des bouts de ce hangard eft ouvert, & le refte eft fermé par un treillage d'ofier. La biere fur laquelle on dépofe le corps mort, eft un chaffis de bois, le fond eft de la natte, & quatre poteaux le foutiennent; le corps eft enveloppé d'une natte, & par-deffus d'une étoffe blanche. On place à fes côtés une maffue de bois, qui eft une de leurs armes de guerre; & près de la tête qui touche au bout fermé du hangard, deux coques de noix de cocos, de celles dont ils fe fervent pour puifer de l'eau. A l'autre bout du hangard, on plante à terre, à côté d'une pierre de la groffeur d'un cocos, quelques baguettes féches & des feuilles vertes liées enfemble. Il y a près de cet endroit une jeune plane, dont les Indiens fe fervent pour emblême de la paix, & à côté une hache de pierre. Beaucoup de noix de palmiers enfilées

en chapelet, font fufpendues à l'extrêmité couverte du hangard, & en de-
hors les Indiens plantent en terre la tige
d'une plane. Au fommet de cet arbre,
il y a une coque de noix de cocos remplie d'eau douce. Enfin on attache au
côté d'un des poteaux, un petit fac qui
renferme quelques morceaux de fruits
à pain tout grillés. On n'y met pas ces
tranches dans le même tems, car les
unes font fraîches pendant que les autres
font gâtées (a). Il paraît que ces alimens
font des offrandes qu'ils préfentent à
leurs Dieux ; ils ne fuppofent cependant
pas que les Dieux mangent, mais c'eft
un témoignage de refpect & de recon-
naiffance, & un moyen de folliciter la
préfence plus immédiate de la Divinité.
Ces endroits font ornés de figures grof-
fiérement fculptées d'hommes, de femmes, de chiens & de cochons ; les Naturels y entrent de tems en tems d'un

(a) Relat. de Cook, Bank & Soland. t. II, p. 335.

pas lent & avec la contenance de la
douleur. Le milieu de ces hangards eſt
bien pavé avec de grandes pierres rondes ; mais il faut qu'ils ſoient peu fré-
quentés , puiſque l'herbe y croît par-
tout (*a*). Il y a un autre lieu où les pa-
rens du défunt vont payer le tribut de
leur douleur ; on y trouve une quantité
infinie de pieces d'étoffes , ſur leſquelles
les pleureurs verſent leurs larmes & leur
ſang ; car dans les tranſports réitérés
de leur chagrin , c'eſt un uſage parmi
eux de ſe faire des bleſſures avec la
dent d'un *goulu de mer.* On enterre les
os des morts dans un lieu voiſin de
celui où l'on éleve les cadavres pour
les laiſſer tomber en pourriture. Il eſt
impoſſible de ſavoir ce qui peut avoir
introduit parmi ces peuples l'uſage d'é-
lever les morts au-deſſus de la terre ,
juſqu'à ce que la chair ſoit conſumée
par la putréfaction , & d'enterrer en-

(*a*) Bank & Soland. t. II , p. 157.

ſuite les os. Le principal perſonnage du deuil profere près du corps quelques mots qu'il récite juſqu'à ſon retour chez lui. Les Otahitiens ont coutume de s'enfuir à la vue du convoi, le principal perſonnage reſte ſeul après la cérémonie. Tous ceux qui ont aſſiſté au convoi vont ſe laver dans la riviere, & prendre leurs habits ordinaires. Cette coutume de ſe laver vient de l'uſage de ſe barbouiller de noir depuis les pieds juſqu'aux épaules. Les femmes même ſe font cette opération, & ſont, ainſi que les hommes, dans l'état total de nudité (a).

Les bâtimens de guerre conſiſtent en une infinité de doubles pirogues de 40 à 50 pieds de long, bien équippées, bien approviſionnées & bien armées. Les chefs & tous ceux qui occupent les plate-formes de combats, ſont revêtus de leurs habits militaires, c'eſt-à-dire, d'une grande quantité d'étoffes,

Deſcription d'une flotte Otahitienne.

_____

(a) Relat. de Cook, Bank & Soland. t. II, p. 393.

de turbans , de cuiraſſes & de caſques.
La longueur de quelques-uns de ces caſques embarraſſe beaucoup ceux qui les
portent ; tout leur équipage ſemble mal
imaginé pour un jour de bataille , &
plus propre à repréſenter qu'à ſervir.
Quoi qu'il en ſoit , il donne de la grandeur à ce ſpectacle , & les guerriers ne
manquent pas de ſe montrer ſous le
point de vue le plus avantageux. Le
vêtement de ces guerriers eſt très - bi-
garré ; il conſiſte en trois grandes pieces d'étoffes trouées au milieu , & po-
ſées les unes ſur les autres : celle du
deſſous & la plus large , eſt blanche ,
la ſeconde eſt rouge , & la ſupérieure
& la plus courte eſt brune. Leurs bou-
cliers ou cuiraſſes ſont d'oſier , couverts de plumes & de dents de goulu.
Il y a des caſques d'une grandeur ſi
énorme , qu'ils ont près de cinq pieds
de haut. Ce ſont de longs bonnets d'o-
ſier cylindriques ; la partie antérieure
eſt cachée par un demi-cercle plus ſerré,

& qui devient plus large au fommet ;
il fe détache enfuite du cylindre, de
maniere à former une courbe. Ce fron-
teau, de la largeur de quatre pieds,
eft revêtu par-tout de plumes luifantes
bleues & vertes d'une efpèce de pi-
geon, & d'une affez jolie bordure de
plumes bleues ; un nombre prodigieux
de longues plumes de queues d'oifeaux
du Tropique, divergent de fes bords en
rayons, ce qui reffemble à l'auréole
dont les Peintres ornent communément
les têtes des Anges & des Saints. Les
principaux Commandans fe diftinguent
par de longues queues rondes, compofées de plumes vertes & jaunes qui pendent fur leur dos, ce qui les fait reffem-
bler aux Bachas Turcs. L'Amiral en
porte cinq, à l'extrêmité defquelles
flottent des cordons de bourre de cocos
entremêlés de plumes rouges. Il ne porte
point de cafque, mais un turban. Des
pavillons, des banderolles décorent les
pirogues, deforte qu'elles forment un

spectacle majestueux. Des massues , des
piques & des pierres composent les instrumens de guerre. Les bâtimens sont
rangés les uns auprès des autres , la
proue tournée vers la côte , le vaisseau
Amiral occupe le centre. Entre les bâtimens de guerre , il y a encore des
doubles pirogues plus petites , qui portent toutes un pavillon peu spacieux ,
& un mât & une voile , ce dont manquent les pirogues de guerre. Ces bâtimens sont destinés aux transports & à
l'avitaillement ; car les Naturels ne laissent dans les pirogues de guerre aucune
espece de provisions. Chaque pirogue
contient environ quarante hommes , ce
qui donne sept mille sept cens soixante
hommes pour trois cens trente bâtimens dont cette flotte est composée.
Le spectacle d'une pareille flotte augmente encore les idées de puissance
& de richesses que l'on a de cette Isle ;
& l'on est dans un étonnement extrême
en pensant aux outils dont se servent

ces peuples pour leurs travaux ; & l'on
admire la patience qu'il leur a fallu,
pour abattre des arbres énormes, pour
couper & polir leurs branches , & enfin pour porter ces lourds bâtimens à
un fi haut degré de perfection. C'est
avec une hache de pierre, un cizeau,
un morceau de corail & une peau de
raye , que ces habitans industrieux produisent de pareils ouvrages. Une étoffe
blanche est placée entre les deux becs
de chaque pirogue, ce qui tient lieu
de pavillon, & le vent l'enfle comme
une voile. D'autres portent une étoffe
bariolée de rayures rouges , qui sert à
reconnaître les divisions de chaque Com-
mandant. Ces pirogues vont autant à
rames qu'à voiles. On remarque dans
chaque bâtiment de gros tas de piques
& de longues massues , ou des haches
de bataille, dressées contre la plate-for-
me. Chaque guerrier tient d'ailleurs à
la main une pique ou une massue ; il y
a aussi des amas de grosses pierres. Sur

quelques-unes des petites pirogues on
apperçoit une affez grande quantité de
feuilles de bananes, c'eft-là où l'on dépofe les morts : ils donnent à ces bâtimens le nom de *Ewaa no teatua*, ou
pirogues de la Divinité (*a*).

Maniere de
combattre.
Ces Infulaires ont beaucoup d'agilité
dans les différentes manieres de combattre homme à homme. Ils parent fort
adroitement les coups que leurs adver-
faires effayent de leur porter ; ils font
un faut en l'air pour éviter les coups
de maffue qu'ils tâchent de s'appliquer
fur les jambes ; & afin d'éviter ceux qui
menacent leur tête, ils fe courbent un
peu, & fautent de côté, de maniere
que le coup tombe à terre. Ils parent
les coups de piques & de dards, à l'aide
d'une pique qu'ils tiennent droite devant
eux ; ils s'inclinent enfuite plus ou moins,
fuivant la partie du corps qu'attaque
leur ennemi, & qu'ils veulent garantir.

_____

(*a*) Cook, tom. II, p. 300.

Ces champions ne portent aucun vêtement fuperflu, car ils font prefque
nuds (a).

Les conquérans emportent les mâ- Trophées.
choires des ennemis qu'ils ont vaincus,
& les réuniffent dans un même lieu en
les fufpendant dans une efpèce d'enceinte, ainfi que les Sauvages de l'A-
mérique feptentrionale portent en triom-
phe les chevelures des hommes qu'ils
ont tués (b).

Les Infulaires de l'Ifle d'Otahiti s'en- Combats
tretiennent dans l'art de la guerre par de lutte.
des combats qui fe font avec une forte
d'appareil; c'eft ordinairement dans une
grande place paliffadée de bambous,
d'environ trois pieds de haut. Le Chef
s'affied dans la partie fupérieure de l'am-
phithéâtre, & les principales perfonnes
de fa fuite font rangées en demi-cercle
à fes côtés, ce font les juges qui doi-

_____

(a) Cook, t. II, p. 354.
(b) Relat. de Cook, Bank & Soland, t. II, p. 425.

vent applaudir au vainqueur. Quand tout eſt prêt, dix ou douze hommes, qui ſont les combattans, & qui n'ont d'autre vêtement qu'une ceinture d'étoffe, entrent dans l'arène ; ils en font le tour lentement & les regards baiſſés, la main gauche ſur la poitrine : de la droite, qui eſt ouverte, ils frappent ſouvent l'avant-bras de la premiere avec tant de roideur, que le coup produit un ſon aſſez aigu ; c'eſt le ſigne d'un défi général que ſe font les combattans les uns aux autres, ou qu'ils adreſſent aux ſpectateurs. Ils ſe donnent des défis particuliers, & chacun choiſit ſon adverſaire. Cette cérémonie préliminaire conſiſte à joindre le bout des doigts, & à les appuyer ſur la poitrine, en remuant en même tems les coudes en haut & en bas avec beaucoup de vîteſſe. Si l'homme à qui le lutteur s'adreſſe, accepte le défi, il répéte les mêmes ſignes ; ils ſe mettent tout auſſi-tôt l'un & l'autre dans l'attitude de combattre.

battre. Une minute après, ils en viennent aux mains. Le grand point eſt de
ſaiſir l'adverſaire par la cuiſſe, ou par
le bras, les cheveux ou la ceinture, &
de le renverſer. Lorſque le combat eſt
fini, les vieillards applaudiſſent au vainqueur par quelques mots que toute l'aſ-
ſemblée répéte en chœur ſur une eſ-
pèce de chant, & la victoire eſt ordinairement célébrée par trois cris de
joie, auxquels des oreilles européennes
auraient de la peine à s'accoutumer.
Pendant le combat, on exécute des
danſes & des chants. Il eſt à remarquer
que le vainqueur ne montre à ſon adverſaire aucun ſigne d'orgueil & de ſuf-
fiſance, & que le vaincu ne murmure
point de la gloire de ſon rival ; pendant tout le combat, on voit ſe ſoute-
nir la bienveillance & la bonne-humeur.
Ces combats durent environ deux heures, après leſquels il y a un grand repas. Ces ſortes de combats reſſemblent
aſſez, mais d'une maniere groteſque,

D

aux combats des Athletes de l'antiquité (*a*).

Armes. Les principales armes des Otahitiens font des maſſues, des bâtons noueux par le bout, & les pierres, qu'ils lancent avec la main ou avec la fronde. Ils ont des arcs & des fléches ; celles-ci ne font pas pointues, mais feulement terminées par une pierre ronde. Leur maniere de tirer eſt finguliere : ils s'agenouillent, & au moment où la fléche part, ils laiſſent tomber l'arc ; ils ne s'en fervent que pour tuer des oifeaux, & fur-tout des tourterelles aſſez graſſes, dont ils ont une aſſez grande quantité (*b*).

Signes de paix. Leur maniere de défigner la paix, eſt d'agiter une large feuille verte qu'ils tiennent en main, en pouſſant des acclamations réitérées de *Tayo-e*. La tige de plantin qu'ils jettent à ceux avec leſ-

---

(*a*) Relat. de Cook, Bank & Soland. t. II, p. 362.
(*b*) Bank & Soland. t. II, p. 169.

quels ils cherchent à lier amitié, eſt
un ſymbole de paix. Ils font encore différens préſens, qui conſiſtent en diverſes productions du pays (*a*).

Lorſque les Inſulaires voiſins veulent
former une attaque contre l'Iſle, cha- Guerre.
que Diſtrict d'Otahiti, ſous le comman-
dement d'un *Earée* ou Chef, eſt obligé
de fournir ſon contingent de ſoldats
pour la défenſe commune; & les forces réunies de l'Iſle ſont commandées
par l'*Earée vahée* ou Roi (*b*).

On trouve dans la vie de ces Inſu- Mœurs
laires l'uniformité du bonheur. Ils ſe & Uſages.
levent avec le ſoleil; ils vont ſe laver à
la riviere ou à une fontaine; ils paſſent
le matin à travailler ou à ſe promener
juſqu'à ce que la chaleur augmente; ils
ſe retirent alors dans leurs habitations,
ou ils ſe repoſent à l'ombre d'un arbre.
Là ils s'amuſent à liſſer leurs cheveux, Occupations.

(*a*) Cook, t. I, p. 300.
(*b*) Relat. de Cook, Bank & Soland. t. II, p. 522.

D ij

ou à les parfumer d'huile odorante, ou ils jouent de la flûte & chantent, ou enfin ils écoutent le ramage des oiseaux. A midi ils dînent; après leur repas, ils reprennent leurs travaux ou leurs amusemens domestiques, & l'on remarque dans cet intervalle une affection mutuelle répandue dans tous les cœurs; les voyageurs ont souvent joui de ce spectacle d'innocence & de bonheur. Les saillies gaies sans malice, les contes simples, la danse joyeuse & un souper frugal amenent le soir. On se lave une seconde fois à la riviere, & on finit ainsi la journée sans inquiétude & sans peine. Si l'on faisait un parallele de cette vie sauvage avec celle des peuples civilisés, quel contraste? Où trouverait-on la vraie jouissance ? C'est ce qui reste à penser (a).

_____

(a) Cook, t. II, p. 360.

Les Indiens croient que le repos & le néant font le fondement de toutes choses, & la fin où elles

La fabrique des étoffes eſt un paſſe-
tems agréable ; & la conſtruction des
cabanes & des pirogues, ainſi que les
manufactures des outils & des armes,
font des occupations amuſantes, parce
que les ouvriers jouiſſent du fruit de
leurs travaux. Ils paſſent donc la plupart de leurs jours dans un cercle de
jouiſſances variées & au milieu d'un
pays où la nature a formé des payſages
charmans, où la température de l'air
eſt chaude, mais rafraîchie ſans ceſſe
par une brize de mer ; où enfin le ciel

---

aboutiſſent. Ils regardent donc l'entiere inaction comme l'état le plus parfait & l'objet de leurs déſirs. Ils
donnent au ſouverain Etre le ſurnom d'immobile. Les
Siamois croient que la félicité ſuprême conſiſte à n'être
point obligé d'animer une machine, & de faire agir
un corps. Dans un pays où la chaleur exceſſive énerve
& accable, le repos eſt ſi délicieux & le mouvement
ſi pénible, que ce ſyſtème de métaphyſique paraît
naturel. Malgré cela, plus les cauſes phyſiques portent les hommes au repos, plus les cauſes morales
les en doivent éloigner. (Monteſq. Eſp. des Loix, t. I,
p. 312.)

est presque toujours serein (*a*).

Pour former l'emplacement de leurs
cases, ils ne coupent des arbres qu'autant qu'il leur en faut pour empêcher
que le chaume dont elles sont couvertes ne pourrisse par l'eau qui dégoutterait
des branches, de maniere qu'en sortant de sa cabane, l'Otahitien se trouve sous un ombrage le plus agréable
qu'il soit possible d'imaginer. Ce sont
sur-tout des bocages de fruits sans brous-
sailles, & entrecoupés de chaque côté
par des sentiers qui conduisent d'une
habitation à l'autre. Les maisons ne
sont pas rangées en villages, mais éloignées les unes des autres d'environ cin-
quante verges, & environnées de petites plantations. Rien n'est plus délicieux
que ces ombrages dans un climat si
chaud; il est impossible de trouver de
plus belles promenades. Un air pur y
circule librement, & les maisons n'ayant

_____

(*a*) Idem.

point de murailles, elles reçoivent les
zéphirs & les vents du côté où ils
soufflent. Il y a d'autres maisons beaucoup plus grandes, qui sont bâties pour
servir de retraite à tous les habitans d'un
canton. Quelques-unes ont deux cents
pieds de long, trente de large & vingt
d'élévation : elles sont construites &
entretenues aux fraix communs du Dis-
trict pour lequel elles sont destinées ;
elles sont environnées de palissades. Les
maisons n'ont point de murailles, parce
que ce Peuple n'a pas besoin de lieux
retirés.

Il n'a aucune idée de l'indécence. Il Caractère.
satisfait en public à ses besoins, à ses
desirs, à ses passions sans aucun scru-
pule. Des hommes qui n'ont point
d'idée de la pudeur par rapport aux
actions, ne peuvent pas en avoir relativement aux paroles. Aussi la conver-
sation de ces Insulaires roule-t-elle sur
ce qui est la source de leurs plaisirs ;
& les deux sexes y parlent de tout sans

D iv

retenue, dans les termes les plus simples, & agissent, de même. D'ailleurs
la douceur de leur caractère se montre
dans leurs regards & dans leurs actions.
Ils donnent des marques de tendresse
& d'affection en prenant les mains, en
s'appuyant sur les épaules de ceux qu'ils
aiment, ils les embrassent (a). La confiance de ce Peuple, & sa conduite cordiale
& familiere se montre dans un jour le
plus favorable, & l'on est convaincu,
en vivant avec eux, que le ressentiment
des injures & l'esprit de vengeance
tourmentent peu les bons & simples
Taïtiens (b).

(a) Cook, t. I, p. 302.

(b) Cook, t. I, p. 356.

A mesure que les hommes vivent en société, &
s'unissent sous l'empire des loix & d'une police réguliere, leurs mœurs s'adoucissent ; les sentimens d'hu-
manité naissent en eux. Les droits & les devoirs sont
mieux connus. La férocité des guerres s'affaiblit ; &
même au milieu des combats, les hommes se sou-
viennent de ce qu'ils se doivent mutuellement. Le sauvage combat pour détruire, le citoyen pour conqué-

Il est doux de penser qne la philantropie semble naturelle à tous les hommes, & que les idées sauvages de défiance & de haine ne sont que la suite de la dépravation des mœurs, qui ne peut exister chez un Peuple qui n'en a pas même l'idée. On puise la preuve de cette réflexion dans le fait suivant. Le Capitaine Wallis, le 18 Juin 1767, ayant eu un différent avec les Naturels d'Otahiti, il fit faire feu dessus, il en blessa & tua un assez grand nombre. Ce bon Peuple quelque tems après oubliant ce désastre, fit la paix avec le Navigateur Anglais, & lui fournit beau-

---

rir. Le premier est inaccessible à toute pitié, & n'épargne personne; le dernier a acquis une sensibilité qui adoucit ses fureurs. Il est encore beaucoup de peuples des Indes à qui ce degré de sensibilité est totalement étranger. La barbarie avec laquelle ils font la guerre est telle qu'on ne peut s'empêcher d'en conclure qu'ils sont bien imparfaitement civilisés. Cette réflexion est toute à la gloire des peuples d'Otahiti. (Hist. de l'Amer. par Robertson, t. II, p. 288.)

coup de rafraîchiſſeméns en fruits , en
volailles & en cochons (a).

Ils ſont por-
tés au vol. Malgré ces qualités naturelles qu'on
remarque dans le caractère des Otahi-
tiens , l'on y obſerve auſſi des vices
dominans ; celui du vol eſt le plus général ; ils ſont les plus grands voleurs
& les plus déterminés de la terre. Mais
il faut conſidérer auſſi que ces Peuples , par les ſimples ſentimens de la
conſcience naturelle , ont une connaiſ-
ſance du juſte & de l'injuſte , & qu'ils
ſe condamnent eux-mêmes , lorſqu'ils
font aux autres ce qu'ils ne voudraient
pas qui leur fût fait. Il eſt plus que
certain qu'ils ſentent la force des obli-
gations morales ; & s'ils regardaient
comme indifférentes les actions qu'on
leur impute , ils ne ſeraient pas ſi fort
agités lorſqu'on leur démontre la fauſ-
Réflexions
à ce ſujet. ſeté de l'accuſation. On doit ſans doute
juger de la vertu de ce Peuple par la

_____

(a) Cook , t. I , p. 198.

feule regle fondamentale de la morale,
& par la conformité de leur conduite
à l'égard de ce qu'ils croient être jufte.
Mais on ne doit pas conclure que le
vol fuppofe dans leur caractère la même
dépravation qu'on rencontrerait dans
un Européen qui aurait commis ces
actions. Leur tentation eft fi forte, à
la vue des objets qu'ils croient leur
être utiles , que fi ceux qui ont plus
de connaiffances, de meilleurs principes, & de plus grands motifs de réfifter à l'appât d'une action avantageufe
& mal-honnête , en éprouvaient une
pareille , ils feraient regardés comme
des hommes d'une probité rare , s'ils
avaient le courage de la furmonter. Un
Indien au milieu de quelques couteaux
de la valeur d'un fol , de la raffade, &
de morceaux de verre rompu , eft dans
le même état d'épreuves , que le dernier des valets à côté de plufieurs
coffres ouverts , remplis d'or & de bi-

joux (*a*). D'où l'on peut conclure que
fi les Otahitiens font portés au vol, il
n'eft pas fi haïffable parmi eux que parmi
nous. Un Peuple qui fatisfait fi aifément
à fes befoins, & chez lequel les hommes de tous les rangs vivent de même,
ont peu de motifs de commettre des
vols. Les maifons ouvertes, fans por-
tes, fans grillages, font des preuves
bien fenfibles de leur fécurité mutuelle.
Nous fommes plus blâmables qu'eux,
puifque nous les expofons à des tenta-
tions trop fortes en leur préfentant des
objets inconnus, à la vue defquels ils
ne peuvent réfifter. Ils femblent d'ailleurs attacher peu d'importance à leurs
larcins, peut-être parce qu'ils croient
ne pas occafionner de grands dommages.

Repas.   Dans la vie fimple & toutefois naturelle que menent ces Infulaires, leurs

---

(*a*) Relat. de Cook, Bank & Soland. t. II, p. 341.

repas, quoique fans tables, fe paffent avec beaucoup de propreté ; leurs mets font trop fimples & en trop petit nombre pour qu'il y regne de l'oftentation. Ils mangent ordinairement feuls ; cependant lorfqu'un étranger les vifite, ils l'admettent quelquefois à manger avec eux. L'Otahitien s'affied fous un arbre vis-à-vis de fa maifon : fa nappe eft une certaine quantité de feuilles ; un panier contient fa provifion, & des coques de noix de cocos font fes bouteilles, qui contiennent de l'eau falée & de l'eau douce. Les Naturels d'un rang plus élevé que le peuple, fe lavent la bouche & les mains avant, après & pendant le cours du repas. Ces Peuples prennent une quantité étonnante d'alimens dans un feul repas ; ils dorment après ; il n'y a que les jeunes gens qui reftent éveillés par l'activité & l'effervefcence de leur âge (*a*). Quoique les

_____

(*a*) Relat. de Cook, Bank & Soland. t. II, p. 457.

Naturels aiment affez les manieres européennes, ils ont beaucoup de difficultés à les fuivre. Le Capitaine Four-
neaux ayant fait manger un des Infulaires avec lui ; celui-ci entreprit bientôt de fe fervir du couteau & de la
fourchette dans le repas ; mais lorfqu'il
avait pris un morceau avec la derniere,
il ne pouvait pas parvenir à conduire
cet inftrument, il portait la main à fa
bouche, entraîné par la force de l'habitude, & le morceau qui était au bout
de la fourchette, allait paffer à côté
de fon oreille.

Nourritures · Les Otahitiens fe nourriffent de cochons, de volailles, de chiens & de
poiffons, de *fruits à pain*, de *bananes*,
d'*ignames*, de pommes, & d'un autre
fruit aigre, qui n'eft pas bon de lui-
même, mais qui donne un goût fort
agréable au fruit à pain grillé avec
lequel ils le mangent fouvent. Il y a
dans l'Ifle beaucoup de rats, mais les
Naturels n'en mangent point. La ri-

viere fournit de très-bons mulets, mais
ils ne font ni gras, ni en grande quantité. Les Infulaires trouvent fur le récif
des conques, des moules & d'autres
coquillages qu'ils prennent à la marée
baffe, & qu'ils mangent cruds avec du
fruit à pain, avant de retourner à terre (a).

Leur maniere de faire cuire la vian- Maniere
de eft affez ingénieufe. Ils produifent d'apprêter
les alimens.
du feu en frottant le bout d'un morceau de bois fur le côté d'un autre;
ils font enfuite un creux d'un demi-
pied de profondeur & de deux ou trois
verges de circonférence : ils en pavent
le fond avec de gros cailloux unis ;
ils font du feu avec du bois fec, des
feuilles & des coques de noix de cocos. Lorfque leurs pierres font affez
chaudes, ils féparent les charbons, &
retirent les cendres fur les côtés ; ils
couvrent le foyer d'une couche de

_____

(a) Bank & Soland. t. II, p. 150.

feuilles vertes de cocotiers, & ils y placent l'animal qu'ils veulent cuire, après l'avoir enveloppé de feuilles de plane. Si c'eſt un petit cochon, ils l'apprêtent ainſi ſans le dépecer, ils le coupent en morceaux s'il eſt gros. Lorſqu'il eſt dans le foyer, ils le recouvrent de charbons, & ils mettent par-deſſus une autre couche de *fruits à pain* & d'*ignames*, également enveloppés dans des feuilles de plane; ils y répandent enſuite le reſte des cendres, des pierres chaudes, & beaucoup de feuilles de cocos: ils revêtent le tout de terre, afin d'y concentrer la chaleur. Ils ouvrent le trou après un certain tems proportionné au volume de l'animal qu'il contient; alors ils en tirent la viande, qui eſt tendre, pleine de ſucs, & beaucoup meilleure que ſi elle avait été apprêtée d'une autre maniere. Le jus des fruits & l'eau ſalée forment toutes leurs ſauces. Ils n'ont d'autres couteaux que des coquilles,

avec

avec lesquelles ils découpent très-adroitement, & dont ils se servent toujours (a). Ils n'ont pas de vase ou de poterie qui supporte l'action du feu; ils n'ont aucune idée de l'eau chaude, ni de ses effets; & comme ils n'ont aucun vase pour la contenir & la soumettre à la chaleur ignée, ils ne conçoivent pas plus qu'on puisse échauffer l'eau, que de la rendre solide (b).

Leur maniere de préparer leur boisson est aussi simple que dégoûtante. La liqueur qu'ils font avec la plante *Ava-aua*, s'exprime de la racine. Plusieurs personnes mâchent ces racines jusqu'à ce qu'elles soient molles & tendres, ensuite elles les crachent dans un même plat de bois. Quand elles en ont mâché une quantité suffisante, elles y mettent plus ou moins d'eau, suivant que le jus de la racine est plus

Boissons.

(b) Bank & Soland. t. II, p. 154.

(b) Robertson, Hist. de l'Amériq. t. I, p. 527.

E

ou moins fort. Dès que le jus est ainsi délayé, on le passe à travers une étoffe fibreuse, qui tient lieu de pressoir : la liqueur dès ce moment est potable; elle se fait au moment où on veut la boire ; elle a un goût de poivre, malgré cela elle est assez insipide. Quoiqu'elle soit enivrante, elle ne produit pas souvent son effet sur les Naturels, qui en boivent avec modération & peu à la fois. Ils mâchent souvent cette racine, comme les Européens mâchent le tabac, & ils avalent leur salive. Plusieurs mangent des morceaux de cette racine (*a*).

Propreté. Outre l'usage des Insulaires d'Otahiti de se laver la bouche & les mains plusieurs fois dans les repas, ils se lavent encore constamment tout le corps dans une eau courante, trois fois par jour, à quelque distance qu'ils soient

_____

(*a*) Cook, tom. I, p. 456.

de la mer ou de quelque riviere. On ne trouve fur leurs vêtemens, aucunes taches ni malpropreté ; enforte que dans une affemblée nombreufe d'Otahitiens, on n'eft jamais incommodé que de la chaleur. On n'en peut pas dire de même des foeiétés les plus brillantes de l'Europe (a).

La maniere que les Otahitiens em-ploient pour fe délaffer, eft affez na-turelle. Les femmes font chargées de cet emploi envers les étrangers. Elles frottent de leurs mains les bras & les jambes , & elles preffent doucement les mufcles entre leurs doigts. On ne peut pas dire fi cette opération faci-lite la circulation du fang , ou rend leur élafticité naturelle aux mufcles fa-tigués ; ce qu'il y a de certain , c'eft que l'effet de ce frottement eft extrê-mement falutaire. Cet ufage eft com-

Maniere de fe dé-laffer.

(a) Relat. Cook, Bank & Soland. t. II. p. 477.

E ij

mun aux Chinois , & dans toutes les Indes Orientales. Ce rafinement de volupté était connu des Romains mêmes (a).

Coutumes relatives à la politesse. On a déja traité de la civilité de ces Insulaires à l'égard des étrangers ; ils ont en outre des démonstrations qui expriment le respect qu'ils doivent aux supérieurs. C'est une marque de respect dû au Souverain du pays, que d'avoir devant lui les épaules & la tête nues ; les plus grands Seigneurs ne sont pas exceptés de cet usage. Les Taïtiens portent ordinairement les cheveux courts , & les porter longs est un privilége accordé aux Princesses du Sang Royal. Leur rang ne les dispense cependant pas d'avoir les épaules découvertes en présence du Roi , cérémonie qui procure aux femmes les occasions

_____

(a) Cook, t. I, p. 384.

de développer toute l'élégance de leurs formes (a).

On a déja dit que ces Insulaires se couchaient une heure après le crépuscule du soir. Lorsqu'il est nuit, & qu'ils sont rassemblés en famille, ils chantent des couplets de chansons ; & quoiqu'ils n'aient pas besoin de feu pour se chauffer, ils se servent pourtant d'un feu artificiel entre le coucher du soleil, & le tems où ils vont se reposer (b). *Occupations du soir.*

Les Otahitiens sont toujours, ainsi que les enfans, prêts à exprimer par des larmes tous les mouvemens de l'ame dont ils sont fortement agités, & comme eux, ils paraissent les oublier dès qu'ils les ont versées (c) ; ils ont donc la sensibilité du moment. Mais il n'est pas étonnant que le chagrin de ces Peuples sans art soit passager, & qu'ils *Caractère.*

(a) Cook, t. I, p. 360.

(b) Relat. de Cook, Bank & Soland. t. II, p. 457.

(c) Relat. de Cook, Bank & Soland. t. II, p. 344.

expriment fur-le-champ & d'une maniere forte les fentimens de leur ame.
Ils n'ont jamais appris à déguifer ou à
cacher ce qu'ils fentent ; & comme ils
n'ont point de ces penfées habituelles
qui rappellent fans ceffe le paffé , &
anticipent l'avenir , ils font affectés
par toutes les variations du moment ;
ils en prennent le caractère , & changent de difpofitions toutes les fois
que les circonftances changent. Ils ne
fuivent point de projets d'un jour à
l'autre , & ne connaiffent pas ces fujets continuels d'inquiétude , dont la
penfée eft la premiere qui s'empare de
l'efprit au moment du réveil , & la
derniere que l'on quitte au moment
du fommeil. Cependant, fi l'on admet
qu'ils font plus heureux que nous , il
faut dire que l'enfant eft plus heureux
que l'homme , & que nous avons per-
du du côté du bonheur en perfection-
nant notre nature, en augmentant nos

connaiſſances, & en étendant nos vues
par la civiliſation.

La population eſt nombreuſe dans Population:
un pays où les femmes ſont nubiles à
neuf ou dix ans, & où elles font des
enfans pendant l'eſpace de vingt années. La penſée ſe porte naturellement
ſur l'heureuſe ſimplicité dans laquelle
les Taïtiens paſſent leur vie ; car ce
manque d'inquiétude, qui eſt le propre de la vie ſauvage, eſt la cauſe de
la plus grande population (*a*).

Le Capitaine Cook, dans ſon Voyage Des femmes
à Otahiti, rapporte un fait qui prouve en général.
que les femmes en général ne ſont
pas fort réſervées ſur la libre diſpoſi-
tion de leur perſonne. Il dit qu'ayant
fait monter ſur ſon Vaiſſeau quelques
Naturels du pays des deux ſexes, il y
eut une femme qui eut fort envie d'une
paire de draps qu'elle vit ſur un lit ;

_____

(*a*) Cook, t. I, p. 373.

E iv

fur le refus que fon conducteur lui en
fit, elle infifta, & lui promit en échan-
ge quelques faveurs ; celui - ci ne les
dédaigna pas : & *comme*, dit le Navigateur Anglois, *la victime approchait
de l'autel de l'Hymen, le Vaiffeau tou-
cha : cet événement imprévu interrompit
la folemnité* (a).

(a) Cook, tom. I, p. 305.

Dans la plus grande partie des Indes qu'un nombre
infini d'Ifles & la fituation du terrein ont divifées en
une infinité de petits Etats, où il n'y a que des miférables qui pillent, & des miférables qui font pillés ;
ceux qu'on appelle des Grands, n'ont que de très-petits
moyens ; ceux qu'on appelle des gens riches, n'ont que
leur fubfiftance. La clôture des femmes n'y peut être affez
exacte pour contenir la corruption de leurs mœurs qui
y eft inconcevable. C'eft-là que l'on voit jufqu'à quel
point les vices du climat laiffés dans une grande liberté
peuvent porter le défordre. C'eft-là que la nature a une
force, & la pudeur une foibleffe que l'on ne peut compren-
dre. Il femble que dans ces pays-là les deux fexes perdent
jufqu'à leurs propres loix. En Guinée, quand les femmes rencontrent un homme, elles le faififfent & le
menacent de le dénoncer à leur mari, s'il les méprife.
Elles fe gliffent dans le lit d'un homme, elles le réveil-

Il eſt certain que ces Inſulaires ne paraiſſent pas regarder la continence comme une vertu. Les Otahitiennes vendent leurs faveurs aux étrangers librement & publiquement ; leurs peres & leurs freres les amenent même ſouvent eux-mêmes, afin de tranſiger ſur cet article : ils connaiſſent cependant le prix de la beauté , & la valeur du ſalaire qu'on demande pour la jouiſſance d'une femme , eſt toujours proportionnelle à ſes charmes. Ce n'eſt pas l'uſage à Otahiti que les hommes, uniquement occupés de la pêche & de la guerre , laiſſent au ſexe le plus foible les travaux pénibles du ménage & de la culture ; une douce oiſiveté dans ces climats eſt le partage des femmes , & le ſoin de plaire aux hommes eſt leur plus ſérieuſe occupation (a).

---

lent ; & s'il les refuſe , elles le menacent de ſe laiſſer prendre ſur le fait. (Monteſq. Eſp. des Loix , t. I, p. 358. Voyag. de Guinée , Part. II, p. 192.)

(a) Bougainv. t. II , p. 86.

Dans nos climats & dans beaucoup
d'autres, on retient les filles par une
éducation analogue aux ufages; on a
foin d'écarter de leur efprit toutes les
idées qui tiennent à l'amour. Il arrive
précifément à Otahiti tout le contraire.
Les jeunes filles danfent entr'elles, &
s'y donnent des pofitions & des geftes
extrêmement lafcifs, auxquels on ac-
coutume les enfans dès le bas - âge.
Cette danfe eft accompagnée de chants
qui expriment encore plus clairement
la lubricité. Ces amufemens permis à
une jeune fille, lui font interdits dès
le moment qu'elle eft devenue femme;
elle peut mettre en pratique & réalifer
les fymboles de la danfe. D'après cela
on ne peut pas fuppofer que ces Peuples eftiment beaucoup la chafteté. L'in-
fidélité conjugale, même dans la femme,
n'eft punie que par quelques paroles du-
res & par quelques coups légers (a).

_____

(a) M. de Montefquieu rend en peu de mots rai-

La plupart des Otahitiens des deux sexes forment des sociétés bien extraordinaires, où toutes les femmes sont communes à tous les hommes. Cet arrangement met dans leurs plaisirs une variété continuelle, dont ils ont tellement besoin, que le même homme & la même femme n'habitent pas plus de deux ou trois jours ensemble. Si une des femmes de cette société devient enceinte, ce qui arrive rarement par raison physique, l'enfant est étouffé au moment de sa naissance, afin qu'il n'embarrasse pas le pere dans ses occupations journalieres, & qu'il n'inter-

Sociétés mêlées.

Cruautés à ce sujet.

---

son de ce désordre apparent. *Dans les climats du nord, dit-il, à peine le physique de l'amour a-t-il la force de se rendre bien sensible. Dans les climats tempérés, l'amour accompagné de mille accessoires, se rend agréable par des choses qui d'abord semblent être lui-même, & ne sont pas encore lui. Dans les climats plus chauds, on aime l'amour pour lui-même, il est la cause unique du bonheur, il est la vie.* (Montesq. Esp. des Loix, t. I, p. 308.)

rompe pas la mere dans les plaiſirs de ſon abominable proſtitution. Quelquefois la mere, par ſenſibilité, ſurmonte cette paſſion effrénée de la brutalité plutôt que de l'inſtinct ; alors on ne lui permet pas de ſauver la vie de ſon enfant, à moins qu'elle ne trouve un homme qui l'adopte comme étant de lui ; dans ce cas, ils ſont tous deux exclus de la ſociété, & perdent pour toujours tout droit aux priviléges & aux plaiſirs de l'*Arreoy*, nom qu'ils donnent à cette ſociété infame (*a*).

Ce vice n'eſt pas général.

Malgré ce déſordre, qui n'eſt pas général chez ces Inſulaires, les femmes d'Otahiti, comme l'ont aſſuré ſans fondement quelques Voyageurs, ne ſont pas toutes portées à accorder les dernieres faveurs à ceux qui veulent les payer. Il eſt auſſi difficile dans ce pays, comme dans tout autre, d'avoir

_____

(*a*) Relat. de Cook, Bank & Soland. t. II , p. 457.

des familiarités avec les femmes ma-
riées & avec celles qui ne le font pas,
si l'on en excepte toutefois les filles du
peuple ; & même parmi ces dernieres,
il y en a beaucoup qui font chaftes. Il
eft vrai qu'il y a des proftituées, comme
par-tout ailleurs ; le nombre en eft
peut-être encore plus grand, & telles
font les femmes qui viennent à bord
des Vaiffeaux. Il eft certain qu'en les
voyant fréquenter indifféremment les
femmes chaftes, & les femmes du premier rang, on eft d'abord porté à
croire qu'elles ont toutes la même conduite, & qu'il n'y a entr'elles d'autre
différence que celle du prix. Il faut
avouer auffi que telle eft leur nature.
Une proftituée ne leur paraît pas commettre des crimes affez noirs, pour
perdre l'eftime & la fociété des com-
patriotes. En général, les femmes font
toutes verfées dans l'art de la coquet-
terie, elles fe permettent par ce moyen
toutes fortes de libertés dans leurs pro-

pos. Il n'eſt donc pas étonnant qu'on
les ait taxé de libertinage ; mais encore une fois , il n'eſt pas général (*a*).

Maladies. Il y a peu de maladies chez un Peuple dont la nourriture eſt ſi ſimple , &
qui en général ne s'enivre preſque jamais (*b*). Ils ont quelquefois la coli-
que , & ſont ſujets aux éréſypeles & à
une éruption cutanée de puſtules écail-
leuſes qui approchent de la lépre. Ceux
des Naturels qui ſont malades , vivent
totalement éloignés du reſte des habi-

(*a*) Cook , t. I , p. 457.

(*b*) *L'ivrognerie* , dit M. de Monteſquieu , ſe trouve établie par toute la terre dans la proportion de la
froideur & de l'humidité du climat. Paſſez de l'équateur juſqu'à notre pole, vous y verrez augmenter l'i-
vrognerie avec les degrés de latitude. Paſſez du même
équateur au pole oppoſé , vous y trouverez l'ivrognerie
aller vers le midi comme elle avait été vers le nord.
Ce ſont les différens beſoins dans les différens climats
qui ont formé les différentes manieres de vivre parmi
les hommes. Les uns boivent parce qu'ils ont trop
chaud , & les autres parce qu'ils ont trop froid.
(Monteſq. Eſp. des Loix. t. I , p. 316.)

tans. Depuis que les Européens ont pénétré dans cette Ifle, & qu'ils y ont
porté la maladie vénérienne, on voit
quelques Naturels couverts d'ulcères
qui paraiffent virulens ; ils les laiffent
à l'air & à la difcrétion des mouches,
fans y faire la moindre attention. Il n'y
a pas de Médecins dans un pays où
l'intempérance ne produit point de
maladies. C'eft pourquoi lorfque l'Otahitien fouffre, il a recours à la fuperftition, & les Prêtres font les feuls Médecins. La méthode qu'ils fuivent pour
opérer la guérifon, confifte en prieres,
en cérémonies & en fignes, qu'ils répétent jufqu'à ce que le malade meure
ou recouvre la fanté.

Leurs connaiffances en chirurgie font
affez étendues ; il n'y a prefque point de
Naturel, tel bleffé qu'il foit, qui ne
fe guériffe (a). MM. Bank & Solander
citent une occafion dans laquelle un

Connaiffan ces chirur gicales.

(a) Relat. de Cook, Bank & Soland. f. II, p. 499.

matelot Anglois s'étant mis une écharde
dans le pied, en souffrait extrêmement ; un vieil Otahitien préfent à
cette fcène, examina le pied du matelot, il alla fur le rivage prendre un
coquillage qu'il rompit avec fes dents,
& au moyen de cet inftrument, il ou-
vrit la plaie, & en arracha l'écharde
dans l'efpace d'une minute. Il avait
apporté une efpèce de gomme qu'il
appliqua fur la bleffure, il l'enveloppa
d'un morceau d'étoffe, & en deux
jours le malade fut parfaitement guéri
(a). Ils ont l'ufage de faigner, mais ce
n'eft ni au bras ni au pied ; un *Taoaa*,
Médecin ou Prêtre inférieur, frappe
avec un bois tranchant fur le crâne du
malade, il ouvre par ce moyen la veine
qu'on nomme *Sagittale*, & lorfqu'il a
coulé fuffifamment de fang, il ceint la
tête d'un bandeau qui affujettit l'ouver-

_____

(a) Bank & Soland. t. II, p. 156.

ture :

ture : le lendemain on lave la plaie avec de l'eau (*a*).

Les Taïtiens fe plaignaient, en 1773, qu'un Vaiffeau Européen leur avait communiqué une maladie, qui, à ce qu'ils difaient, affectait la tête, le gofier & l'eftomac, & qui enfin les faifoit mourir. Ils paraiffent la redouter beaucoup ; & depuis ce tems, ils ont demandé à plufieurs Voyageurs s'ils l'avaient. Ils appellaient cette maladie *Apa-no-peppe*, comme ils appellent la maladie vénérienne *Apa-no-pretane*, maladie Anglaife, quoiqu'ils conviennent univerfellement que la Fregate de M. de Bougainville l'a apportée dans leur Ifle. Quoi qu'il en foit, on pourrait conclure que long-tems avant l'arrivée de quelques Vaiffeaux Européens, ces Infulaires avaient cette maladie, ou quelque autre qui lui reffemblait beaucoup; car M. Cook leur a entendu parler

_____

(*a*) Boug. t. II, p. 111.

F.

d'Indiens morts avant cette époque, d'une maladie qu'il a jugé être la maladie vénérienne. D'ailleurs elle n'eft pas moins répandue qu'elle ne l'était en 1769, quand ce Voyageur vifita ces Ifles pour la premiere fois (a). Ce qu'il y a de conftant, c'eft qu'en 1767 cette maladie n'avait pas pénétré chez les habitans d'Otahiti. Suivant MM. Bank & Solander, aucun homme de leur Equipage n'y contraĉta la maladie vénérienne ; comme les Anglais eurent commerce avec un grand nombre de femmes, c'eft une preuve évidente que cette maladie n'était pas encore répandue dans cette Ifle. *C'eft à M. de Bougainville ou à moi*, dit M. Bank, *à l'Angleterre ou à la France, qu'il faut reprocher d'avoir infeĉté de cette pefte terrible une race de Peuples heureux ; mais j'ai la confolation de pouvoir difculper, fur cet article, d'une maniere évidente, &*

_____

(a) Cook, t. I, p. 450.

ma patrie & moi. Cet aveu est établi
sur des Listes & des Journaux soigneu-
sement tenus, des malades & des morts
qu'ont occasionnées différentes maladies. La copie est déposée à l'Amirauté
d'Angleterre, & signée par les conva-
lescens. On y voit qu'excepté un malade renvoyé en Angleterre sur une
flûte, le dernier enregistré pour maladie vénérienne, est déclaré, par sa
signature & par le rapport du Chirurgien, avoir été guéri le 27 Décembre
1766, près de six mois avant l'arrivée
de ces deux Navigateurs Anglais à Otahiti, où ils débarquerent en Juin 1767,
& que le premier inscrit pour la même
maladie, au retour, a été mis entre
les mains du Chirurgien en Février
1768, six mois après que lesdits Navigateurs eurent quitté l'Isle, d'où ils
partirent en Juillet 1767. Le Capitaine
Cook, dans son Voyage sur l'Endea-
vour, trouva cette maladie établie dans
l'Isle ; le Voyage de M. de Bougain-

ville a été antérieur au fien : d'après cela, il eft aifé de conclure (a).

Connaif-fancesnatu-relles :

Les Otahitiens ont une fagacité étonnante à prévoir le tems qui arrivera, ou du moins le côté d'où foufflera le vent. Ils ont plufieurs manieres de pronoftiquer cet événement. Ils difent entre autres chofes, que la voie lactée eft toujours courbée latéralement, tantôt dans une direction, tantôt dans une

Sur les tems.

autre, & que cette courbure eft un effet de l'action que le vent exerce fur elle, de maniere que fi la courbure continue pendant une nuit, le vent correfpondant foufflera le lendemain. Ce principe s'oppofe diamétralement aux idées que nous avons de la voie lactée, fur laquelle il eft auffi impoffible que les vents aient de l'influence, que fur la puiffante qui la dirige. Mais il fuffit de dire que quelque méthode qu'ils emploient pour prédire le tems,

_____

(a) Bank & Soland. t. II, p. 162.

ou au moins le vent qui soufflera, ils se trompent rarement. Dans leurs plus grands voyages, ils se dirigent fur le soleil pendant le jour ; & fur les étoiles pendant la nuit. Ils diftinguent toutes les étoiles féparément par des noms; ils connaiffent dans quelle partie du ciel elles paraîtront, à chacun des mois où elles font vifibles fur l'horifon ; ils favent auffi avec plus de précifion qu'on ne le pourra croire, le tems de l'année où elles commencent à paraître & à difparaître. Ils divifent le tems par *Malama* ou par lunes : ils comptent treize de ces lunes, & recommencent enfuite par la premiere de cette révolution ; ce qui démontre qu'ils ont une notion de l'année folaire. Il eft impoffible de connaître comment ils calculent leurs mois, de façon que treize de ces mois ont vingt-neuf jours, en y comprenant un de ces jours dans lequel la lune n'eft pas vifible. Ils annoncent, & ne fe trompent gueres, fur

Aftronomie.

Divifion du tems.

F iij

le tems qu'il doit faire dans chacun
des mois pour lesquels ils ont des noms
particuliers. Ils donnent un nom général à tous les mois pris enfemble, quoiqu'ils ne s'en fervent que lorfqu'ils parlent des myfteres de leur Religion. Le
jour eft divifé en douze parties, fix
pour le jour, & fix pour la nuit ; chaque partie eft de deux heures. Ils dé-
terminent ces divifions avec affez d'e-
xactitude par l'élévation du foleil, lorfqu'il eft au-deffus de l'horifon. Il y a
encore quelques Naturels plus expéri-
mentés qui pouffent plus loin leurs connaiffances, en difant à la feule infpec-
tion des étoiles quelle heure il eft ;
mais il y en a peu qui aient ces fortes
de notions.

Nombres.   En comptant, ils vont de un à dix,
nombre des doigts des deux mains ; &
quoiqu'ils aient pour chaque nombre
un nom différent, ils prennent ordinairement leurs doigts un par un, & paffant d'une main à l'autre, jufqu'à ce

qu'ils foient parvenus au nombre qu'ils
veulent exprimer. Quand ils comptent
au-delà de dix, ils répétent le nom de
ce nombre, ils y ajoutent le mot *plus* :
dix & un de *plus*, fignifie onze ; dix &
deux de plus, fignifie douze, & ainfi
de fuite, c'eſt l'expreſſion verbale des
fignes d'algèbre. S'ils arrivent à dix &
dix de plus, ils ont une nouvelle dé-
nomination pour ce nombre. Lorſqu'ils
calculent dix de ces vingtaines, ils
ont un mot pour exprimer deux cens.
On ne ſait s'ils ont d'autres termes
pour l'expreſſion de plus grands nombres ; il ne paraît pas qu'ils en aient
befoin : car deux cens dix fois répétés,
montent à deux mille ; quantité ſi forte
pour eux, qu'elle ne ſe rencontre preſque jamais dans leurs calculs (*a*). Ils

---

(*a*) Les Mexicains ont une méthode plus ſimple de
déſigner les nombres. Ils ont inventé pour cela des
caractères ou fignes de pure convention. La figure du
cercle repréſente l'unité. Elle ſe répéte pour expri-

connaiſſent encore moins l'art de me-
ſurer les diſtances, que celui de former des nombres. Ils n'ont qu'un terme
qui répond à notre braſſe : lorſqu'ils
parlent de la diſtance d'un lieu à un
autre, ils s'expriment, comme les Aſia-
tiques, par le tems qu'il faut pour la

---

mer les petits nombres; des ſignes particuliers expriment les nombres plus grands, & il y en a pour déſigner tous les nombres cardinaux depuis 20 juſqu'à
8000. Ils diviſent l'année en 18 mois, chacun de 20
jours, qui tous enſemble font 360 jours. Ils ont obſervé
enſuite que le ſoleil ne faiſait pas ſa révolution toute
entiere dans cette période, ils ont ajouté cinq jours
à l'année. Ces cinq jours intercalaires ſont appellés
d'un nom ſynonyme de ſurnuméraires ou perdus. Et
comme ils n'appartiennent à aucun mois, pendant
toute leur durée il ne ſe fait aucun travail, ni aucune
cérémonie religieuſe. Si une différence tant approchée
entre l'année des Mexicains & l'année vraie, prouve que
ces peuples ont porté quelqu'attention à des recherches
& à des ſpéculations aſtronomiques; on peut en dé-
duire à-peu-près le même principe à l'égard des Otahitiens relativement à leurs connaiſſances, d'où l'on
pourrait conclure que l'origine de ces peuples n'a pas
été dans un état parfait de barbarie. (Hiſt. de l'Amér.
par Robertſon, t. II, p. 286.)

parcourir. Il y a en France, vers le midi, quelques Provinces où l'on exprime par des heures la diſtance des lieux (*a*).

Tous les Voyageurs prétendent que la langue de ces Inſulaires eſt facile à apprendre. Toutes les conſonnes aigres & ſifflantes en ſont bannies, parce que tous les mots finiſſent par une voyelle, ce qui les adoucit extrêmement. Il faut une oreille délicate pour diſtinguer les modifications nombreuſes de leurs voyelles, qui donnent une grande délicateſſe dans l'expreſſion. L'*o* & l'*e* ſont les articles qu'ils mettent devant la plus grande partie de leurs ſubſtantifs (*b*). La ſeule difficulté qui ſe faſſe ſentir, conſiſte dans le peu d'inflexion qu'ont les noms & les verbes. Cette langue a peu de noms qui aient plus d'un cas, & peu de verbes qui aient plus

Langage.

_____

(*a*) Relat. de Cook, Bank & Soland, t. II, p. 499.
(*b*) Cook, t. I, p. 303.

d'un tems. Malgré cela , ils joignent
à leurs paroles des geftes fi expreffifs,
qu'un étranger peu facilement compren-
dre ce qu'ils difent (*a*).

Mufique.　　Ces Infulaires n'ont pas pouffé à un
fi haut point de perfection l'art de la
mufique, que les autres connaiffances.
Ils jouent d'une flûte de *bambou* à trois
trous ; ils foufflent dedans avec le nez,
tandis que d'autres Naturels chantent.
Toute la mufique vocale & inftrumen-
tale confifte en trois ou quatre notes,
entre les demi-notes , & les quarts de
notes ; car ce ne font ni des tons, ni
des demi-tons. Ces notes, fans variété
& fans ordre , produifent feulement
une efpèce de bourdonnement léthar-
gique , qui ne bleffe pas l'oreille par
des fons difcordans , mais qui ne fait
aucune impreffion agréable fur l'efprit.
Il eft furprenant que le goût de la mufique foit fi général fur la terre, tan-

––––––––––––––––––––––––––––––––

(*a*) Relat. de Cook , Bank & Soland. t. II, p. 499.

dis que les idées de l'harmonie font fi
différentes parmi les Nations diverfes.
Les Otahitiens ont aufli pour inftrument une efpèce de tambour, fur lequel ils font agir leurs mains & leurs
doigts au lieu de baguettes (*a*). Il eft à
remarquer que dans les danfes, ces
Infulaires obfervent la mefure avec autant d'exactitude & de précifion que
les meilleurs danfeurs fur les théâtres
d'Europe.

Les habitans de cette Ifle, outre le Commerce.
commerce extraordinaire qu'ils font
avec les étrangers par les échanges de
cochons & de volailles, contre des
clous, des plumes rouges, & des uf-
tenfiles en fer, en ont un continuel
avec les Ifles voifines qui font à l'eft
d'Otahiti. Leur commerce confifte à
changer leurs étoffes & des provifions
de bouche, contre des perles fines &
des foies de barbets, qui feraient fort

(*a*) Cook, t. I, p. 332.

eftimées dans nos climats: Il eft à ob-
ferver que toutes les graines d'Europe,
excepté celles du melon, de moutarde
& de creffon, y croiffent facilement
& avec abondance (a). Ce qui contri-
bue le plus à cette efpèce de commerce
de ces Infulaires avec ceux des Ifles
voifines, c'eft que l'air y étant pur,
ceux-ci ne craignent pas de prendre

(a) Bougainv. t. III, p. 88.

Les Indiens ont leurs arts, qui font adaptés à leur
manière de vivre. Notre luxe ne faurait être le leur,
ni nos befoins être leurs befoins. Leur climat ne leur
demande, ni ne leur permet prefque rien de ce qui
vient de nos climats. Ils vont en grande partie nuds;
le peu de vêtemens qu'ils ont, le pays le leur fournit convenables. Ils n'ont donc befoin que de nos métaux, qui leur font infiniment effentiels, fur-tout le
fer, qui font les fignes de valeurs, & pour lefquels
ils donnent des marchandifes que leur frugalité & la nature de leur pays leur procurent en grande abondance.
Ainfi de tous les tems, comme actuellement, les
Voyageurs qui négocieront aux Indes y porteront des
métaux, & n'en rapporteront pas. C'eft à la politique
à réfléchir fur le bien ou le mal de cette efpèce de commerce. (Montefq. Efp. des Loix, t. I, p. 468.)

des maladies des autres Infulaires, &
réciproquement. L'air en général y eft
fi pur, que malgré la chaleur qui eft
quelquefois extrême, les alimens s'y
confervent plus long-tems que dans des
climats où il fait une chaleur également
forte. On n'y trouve ni grenouilles, ni
crapauds, ni ferpens d'aucune efpèce.
Les fourmis & les mouches qui y font
en petit nombre, font les feuls infeales
incommodes. La partie fud-eft de l'Ifle
femble être mieux cultivée & plus peu-
plée que les autres. Chaque jour il y
arrive des bateaux chargés de différens
fruits, de forte que les étrangers qui
y abordent, y trouvent des provifions
en très-grande quantité, & par confé-
quent à plus bas prix que dans tout
autre canton de l'Ifle. Le flux & le
reflux de la marée y font peu confidérables, & fon cours eft irrégulier,
parce qu'elle eft maîtrifée par les vents
qui y foufflent ordinairement de l'eft
au fud-fud-eft, & que ce font le plus

souvent de petites brises (a). Il y a, à quelque distance d'Otahiti, une Isle nommée *Bolobola*, qui dans l'origine, suivant le rapport des Naturels, a servi à faire un lieu d'exil pour les criminels. Cet usage a duré pendant quelques années ; mais le nombre des exilés s'accrut tellement par les transfuges qui vinrent s'y rendre volontairement, pour se soustraire à la punition de leurs crimes, que les productions de cette Isle devenant insuffisantes pour la subsistance des habitans, la nécessité en a fait des pirates. Ils sont souvent en guerre avec les Otahitiens, à cause des prises des pirogues qu'ils font journellement (b).

Gouvernement.

Quoique cette cause soit réellement un manque de bonheur dans la maniere d'être des Otahitiens, l'on va voir que plusieurs autres causes sont pour ces

---

(a) Bank & Soland. t. II, p. 161.

(b) Bougainville, t. III, p. 100.

Peuples des motifs encore plus puiſ-
ſans de déplaiſirs, peut-être même d'eſclavage, dans la forme de leur Gouvernement, de leurs Loix, de leur
Religion. En général, dans ce pays,
la fertilité des campagnes aſſez dura-
ble, même pendant l'hiver, peut le
diſputer aux plus riches payſages qu'ait
répandu la Nature ſur les diverſes parties du globe. La douceur du climat,
& la bonté du ſol, qui produit preſque ſans culture toutes ſortes de végétaux nourriſſans, ſemblent aſſurer la
félicité des Naturels. En conſidérant
ce qu'eſt le bonheur dans ce monde,
il n'eſt pas de Nation dont le ſort pa-
raiſſe plus déſirable que celui des Otahitiens. La population s'y accroît en
proportion de la culture : car plus les
moyens de ſubſiſter ſont faciles, plus
les beſoins ſont en petit nombre, delà
l'aiſance. On a déja dit que les plaines
& les vallées étroites ſont les ſeules
parties habitées, quoique la plupart des

collines foient très-propres à la culture, & capables de nourrir un nombre infini d'hommes. Peut'-être que
dans la fuite, fi la population s'accroif-
fait confidérablement, les Naturels
mettraient en culture les diftricts qui
leur font maintenant inutiles & fuper-
flus. La diftinction trop manifefte des
rangs, qui fubfifte à Otahiti, n'affecte
pas autant la félicité du peuple qu'on
ferait porté à le croire. Il y a un Sou-
verain-Général, & différentes claffes
de fujets, telles que celles d'*Arée*, de
Manachouna & de *Towtow*, qui ont
quelques rapports éloignés avec le gouvernement féodal. La fimplicité de leur
maniere de vivre, tempère ces diftinc-
tions, & ramene l'égalité. Dans une
contrée où le climat & la coutume
n'exigent pas un vêtement complet ;
où il eft aifé de cueillir à chaque pas
affez de plantes pour en former une
habitation décente, commode & pareille à toutes les autres ; où, avec

peu

peu de travail, chaque individu fe procure tout ce qui eft néceffaire à la vie, on ne doit pas beaucoup connaître l'ambition & l'envie. Il eft vrai que les premieres familles poffédent prefque exclufivement quelques articles de luxe, les cochons, le poiffon, la volaille & les étoffes ; mais le défir de fatisfaire fon appétit, peut tout au plus rendre malheureux les individus, mais non pas la Nation. La populace de quelques Etats policés eft infortunée, parce que les riches ne mettent aucun frein à leurs plaifirs : mais à Otahiti, entre l'homme le plus élevé & l'homme le plus vil, il n'y a pas cette diftance qui fubfifte dans les Etats policés, entre un Négociant & un Laboureur. L'affection des Infulaires pour les *Earées*, qu'on remarque dans toutes les occafions, donne lieu de fuppofer qu'ils fe regardent comme une feule famille, & qu'ils refpectent leurs vieillards dans la perfonne de leurs

G

chefs , d'où l'on peut conclure que
l'origine de ce Gouvernement eſt pa-
triarchale ; & qu'avant que la conſti-
tution eût pris la forme actuelle , la
vertu élevait ſeule peut-être au titre
de Pere du peuple. La familiarité qui
regne entre le Souverain & le ſujet ,
offre encore des reſtes de la ſimplicité
antique. Le dernier homme de la Nation parle auſſi librement au Roi qu'à
ſon égal ; il a le plaiſir de le voir auſſi
ſouvent qu'il le déſire. Ces entrevues
deviendront plus difficiles dès que le
deſpotiſme commencera à s'établir. Le
Prince pour donner des marques d'é-
galité , s'amuſe quelquefois à faire les
mêmes travaux que ſes ſujets ; & n'é-
tant pas encore dépravé par les fauſſes
idées de nobleſſe & de grandeur , il
rame ſouvent ſur ſa pirogue , ſans croire
qu'il déroge à ſa dignité (a). On ne

_____

(a) Les Relations de la Chine parlent de la cérémonie d'ouvrir les terres que l'Empereur fait tous les ans

fait pas combien durera une égalité si
heureufe, puifque l'indolence des Chefs
eft un acheminement à fa deftruction,
malgré la fertilité inépuifable du fol.
Quoique les *Towtows* chargés de la culture, fentent à peine maintenant le
poids du travail, infenfiblement il s'ap-
péfantira fur eux ; car le nombre des
chefs & des riches doit s'augmenter en
beaucoup plus grande proportion que
leur propre claffe, par la raifon feule
que les chefs ne font abfolument rien.
Cet accroiffement de travail produira
un mauvais effet fur leur phyfique, ils
deviendront mal conformés, & leurs os

On a voulu exciter les peuples au travail par un acte
public & folemnel.

Vanty, troifieme Empereur de la troifieme Dynaf-
tie, cultiva la terre de fes propres mains, & fit travailler à la foie, dans fon Palais, l'Impératrice & fes
femmes. (Hift. de la Chine.)

Chez les anciens Perfes, il y avait un jour de l'année où les Rois quittaient leur fafte pour manger
avec les laboureurs. (Relig. des Perfes.)

G ij

s'affaibliront , de robuftes qu'ils étaient;
Plus expofés à l'action du foleil , leur
peau fe noircira ; en proftituant leurs
filles dès le bas-âge aux plaifirs des
Grands , la race deviendra infiniment
petite. Ces êtres précieux , au contraire,
bien nourris & bien entretenus , con-
ferveront tous les avantages d'une taille
extraordinaire , d'une élégance fupérieure de formes & de traits , & d'un
teint plus blanc , en fe livrant à leur
appétit vorace , & en paffant leur vie
dans une entiere oifiveté. Enfin le peuple s'appercevra de cet efclavage & des
caufes qui l'ont produit , & le fenti-
ment naturel des droits de l'homme fe
ranimant en lui , il doit y avoir une
révolution néceffaire. Tel eft le cercle
naturel des chofes humaines ; mais rien
n'annonce de fitôt un pareil change-
ment. On ne faurait trop répéter aux
Européens , que l'introduction des befoins factices hâtera cette fatale époque.
S'il en coûte le bonheur des Nations

pour connaître le caractère de quelques individus, il ferait à défirer que la mer du Sud fût reftée inconnue à l'Europe & à fes inquiets habitans (*a*). Le Roi eft continuellement entouré de confeils judicieux, qui ont une grande part au gouvernement. On ne fait pas au jufte jufqu'où s'étend fon pouvoir comme Roi, ni quelle autorité il a fur les chefs; tout paraît cependant concourir

---

(*a*) Relat. de Forfter, Cook, t. I, p. 393.

*La nature, dit M. de Montefquieu, qui a donné aux Indiens en général une faibleffe qui les rend timides, leur a donné auffi une imagination fi vive que tout les frappe à l'excès. Mais comment accorder cette faibleffe avec leurs actions atroces, leurs coutumes, leurs pénitences barbares? Les Indiens de quelqus cantons, il en faut excepter ceux d'Otahiti & quelques autres, s'y foumettent à des maux incroyables; les femmes s'y brûlent elles-mêmes, ou s'enfeveliffent toutes vivantes; voilà bien de la force pour tant de faibleffe. Mais cette même délicateffe d'organes qui leur fait craindre la mort, fert auffi à leur faire redouter mille chofes plus que la mort. C'eft la même fenfibilité qui leur fait fuir tous les périls, & les leur fait tous braver. (*Montefq. Efp. des Loix, t. I, p. 310.)

à l'état floriffant de l'Ifle. Il eft fâcheux qu'on connaiffe fi fuperficiellement ce gouvernement ; car on ne fait pas par quelle liaifon & par quel rapport tant de claffes, d'ordres, de fonctions & d'emplois différens, forment un corps politique. A bien réfléchir, on peut cependant affigner à ce gouvernement, comme on l'a déja dit, la forme d'une adminiftration féodale ; à en juger fur le rapport des Voyageurs & des Phi-lofophes, elle a de la ftabilité, & fa forme n'a prefque rien de vicieux. Les *Eowas* & les *W'hannos* mangent tou-jours avec le Roi ; excepté les *Towtows*, il n'y a aucun Infulaire qui foit exclus de ce privilége : mais il n'eft point quef-tion de femmes ; elles ne mangent ja-mais avec les hommes, de quelque rang qu'elles foient. Malgré cette efpèce d'établiffement monarchique, la per-fonne du Roi n'a rien qui puiffe le diftinguer, aux yeux d'un étranger, du refte de fes fujets : il eft vêtu d'une piece d'étoffe commune, enveloppée autour de ses reins, de maniere qu'il semble fuir toute pompe inutile ; il affecte même de mettre plus de simplicité dans ses manieres, qu'aucun autre des Grands de sa Cour. En général, les Chefs de ces Isles sont plus aimés que craints par le peuple : ne peut-on pas en conclure qu'ils gouvernent avec douceur & équité ?

C'est un usage parmi les *Earées* & les autres Insulaires d'un rang distingué, de ne jamais se marier avec les *Towtows*, ou dans des classes inférieures à la leur. Ce préjugé est probablement une des grandes causes qui produisent les sociétés appellées *Earéoées*, où un grand nombre d'hommes & de femmes se réunissent en corps, & mettent en commun leurs épouses & leurs maris. Il est certain que ces sociétés empêchent infiniment l'accroissement des classes supérieures, dont elles font uniquement

Loix.

G iv

compofées. Dans ces fociétés, les freres
& les fœurs peuvent fe conjoindre (a).
La conftitution politique de cette Ifle,
eft la même que celle des Peuples anciens dans beaucoup de manieres. Les
Chefs des Diftricts de Taïti, par exemple, n'ont aucun refpect pour le Souverain par excellence (b). Ceci revient
affez à ce que l'on a toujours penfé,
que les hommes parvenus au même degré de civilifation, fe reffemblent les
uns les autres plus qu'on ne le croit,
même aux deux extrêmités du monde.
S'il furvient des conteftations entre les
habitans touchant la propriété de terres, le plus fort fe met en poffeffion
du terrein contefté ; mais le plus faible
porte fes plaintes à l'*Earée*, qui, dans
les vues politiques de maintenir l'égalité entre fes fujets, manque rarement

_____

(a) Cook, t. II, p. 369.
(b) Relat. de Forfter, Cook, t. II, p. 356.

d'accorder au plus pauvre la terre qui était en litige (*a*). Quoique ce Peuple, qui ignore entiérement l'art d'écrire, & qui par conséquent ne peut avoir des Loix fixées par un titre permanent, ne paraisse pas vivre sous une forme réguliere de gouvernement, il regne cependant parmi les Naturels une subordination qui ressemble beaucoup au premier état de toutes les Nations de l'Europe, lors du Gouvernement féodal, qui accordait une liberté licentieuse à un petit nombre d'hommes, & qui soumettait le reste au plus vil esclavage. Il y a quatre différens ordres dans la société ; l'*Earée rahée* ou Roi ; l'*Earée* ou Baron ; le *Manahounis* ou vassal, & le *Towtow* ou paysan. L'Isle étant divisée en deux péninsules, il y a dans chacune un *Earée rahée*, qui en a la souveraineté. Ces deux espèces de Rois sont traités

_____

(*a*) Boug. tom. III, p. 78.

avec beaucoup de refpect par les Taïtiens de toutes les claffes ; mais ils ne
paraiffent pas exercer autant d'autorité
que les *Earées* en exercent dans leurs
Diftricts. Les *Manahounis* cultivent le
terrein qu'ils tiennent du Baron , &
les *Towtows* font les travaux les plus
pénibles ; ils cultivent la terre fous la
direction des *Manahounis*, qui ne font
que des cultivateurs de nom (*a*). Ils
vont chercher le bois & l'eau , ils apprêtent les alimens , & font auffi le
métier de pêcheurs. En général, chacun des *Earées* a une efpèce de Cour,
compofée des fils cadets de fa Tribu,
qui ont chacun différens emplois au-

_____

(*a*) La culture des terres eft le plus grand travail des
hommes. Plus le climat les porte à fuir ce travail, plus
les loix doivent y exciter. Ainfi les loix des Indes qui
donnent les terres aux Princes , & aux fujets la peine de
les cultiver, ôtent aux particuliers l'efprit de propriété,
augmentent les mauvais effets du climat, c'eft-à-dire ,
la pareffe naturelle & le dégoût du travail. (Montefq.
Efp. des Loix, t. I, p. 312.)

près de sa personne (*a*). Il est d'usage qu'un enfant soit Souverain pendant la vie de son pere ; suivant la coutume du pays, il succède en naissant au titre & à l'autorité du pere. On choisit alors un Régent ; mais le pere du nouveau Souverain conserve ordinairement sa place, à ce titre, jusqu'à ce que son fils soit en âge de gouverner par lui-même. On s'écarte quelquefois de cet usage, lorsque le pere du nouveau Souverain a fait quelque action éclatante dans la guerre ; mais pour prévenir, par un plus grand mal, les désordres que pourrait occasionner la commune prétention des enfans à succéder à la souveraineté, il y a une politique cruelle qui les fait étouffer en naissant (*b*). Il est difficile d'appercevoir que sous un Gouvernement si imparfait & si grossier, la justice distributive soit admi-

_____

(*a*) Relat. de Cook, Bank & Soland. t. II, p. 522.
(*b*) Relat. de Cook, Bank & Soland. t. II, p. 407.

niſtrée fort équitablement : mais il doit auſſi y avoir peu de crimes dans un pays où il eſt ſi facile de ſatisfaire ſes goûts & ſes paſſions , & où par conſéquent les intérêts des hommes ne ſont pas ſouvent oppoſés les uns aux autres (*a*).

Les Otahitiens n'ayant ni monnoie , ni ſigne fictif qui lui reſſemble , il n'y a donc dans l'Iſle aucun bien permanent dont la fraude ou la violence puiſſent s'emparer , & ſur lequel elles puiſſent exercer leur empire (*b*). On

---

(*a*) Le peuple des Indes eſt doux, tendre, compatiſſant ; auſſi ſes légiſlateurs ont-ils une grande confiance en lui. Ils ont établi peu de peines , & elles ſont peu ſéveres; elles ne ſont pas même rigoureuſement exécutées. Il ſemble qu'ils ont penſé que chaque citoyen devait ſe repoſer ſur le bon naturel des autres. Heureux climat qui fait naître la candeur des mœurs, & produit la douceur des loix ! (Monteſq. Eſp. des Loix, t. I, p. 323.)

(*b*) Ce qui aſſure le plus la liberté des peuples qui ne cultivent point les terres , c'eſt que la monnoie leur eſt inconnue. Les fruits de la chaſſe, de la pêche, ne

doit ajouter que par-tout où les Loix
ne mettent point de restriction au commerce des femmes, il y a peu d'adul-
tères de la part des hommes. Ces Insulaires font voleurs ; mais comme chez
eux personne ne peut éprouver de
grands dommages, ou tirer de grands
profits du vol, il n'a pas été néces-
faire de réprimer ce délit par des châ-
timens. Cependant le vol & l'adultère
se punissent quelquefois, quand les cou-
pables font pris en flagrant délit : dans
tous les cas d'injure ou de délit, la
punition du coupable dépend de l'of-
fensé. Comme la punition n'est auto-

---

peuvent s'assembler en assez grande quantité ni se gar-
der assez, pour qu'un homme se trouve en état de cor-
rompre tous les autres ; au lieu que lorsqu'on a des
signes de richesses, on peut faire un amas de ces signes
& les distribuer à qui l'on veut. Chez les peuples qui
n'ont point de monnoie, chacun a peu de besoins, &
les satisfait aisément & également. L'égalité est donc
forcée, aussi leurs Chefs ne font-ils point despotiques.
(Montesq. Esp. des Loix, t. I, p. 390.)

rifée par aucune Loi , & qu'il n'y a
point de Magiftrat chargé de la vin-
dicte publique , le coupable échappe
fouvent au châtiment , à moins que
l'offenfé ne foit le plus fort. Cependant un Chef punit fes fujets immé-
diats, quand ils commettent des fautes
à l'égard les uns des autres ; il châtie
même les Infulaires qui ne dépendent
pas de lui , lorfqu'ils font furpris cou-
pables de quelque délit dans fon propre Diftrict (*a*). Malgré cela , la diftinction des rangs eft fi marquée à Otahiti , & la difproportion fi cruelle ,
que les Rois & les Grands ont droit
de vie & de mort fur leurs efclaves
& valets ; il y a même une claffe de
ces malheureux qu'on choifit pour fervir de victimes dans les facrifices (*b*).

Religion.   Les *Moraï*, dont on a déja parlé ,

_____

(*a*) Relat. de Cook , Bank & Soland, t. II , p. 525.
(*b*) Bougainv. t. II , p. 108.

font autant des Cimetieres que des
lieux de culte. L'Otahitien approche
de fon *Moraï* avec un refpect & une
dévotion incroyables. Il ne croit pas
cependant que ce lieu renferme rien
de facré, mais il y vient adorer une
Divinité invifible ; & quoiqu'il n'en
attende pas de récompenfe, & qu'il
n'en craigne pas de châtiment, il exprime toujours fon adoration & fes
hommages de la maniere la plus ref-
pectueufe & la plus humble. Lorfqu'il
approche d'un *Moraï* pour y rendre un
culte religieux, ou qu'il porte fon offrande à l'autel, qui confifte en plumes rouges qu'ils nomment *Oora*, &
qui croiffant fur la tête d'un perroquet
verd, font employées comme des fymboles des *Eatuas*, ou des Divinités,
dans toutes leurs cérémonies religieu-
fes (a), il fe découvre toujours le corps

_____

(a) Cook, t. II, p. 371.

jufqu'à la ceinture : fes regards & fon
attitude montrent affez que la difpofi-
tion de l'ame répond à l'extérieur. Ces
Peuples ne font pas idolâtres ; ils n'a-
dorent rien de ce qui eft l'ouvrage de
leurs mains , ni aucune partie vifible de
la création ; ils adoptent feulement certains oifeaux particuliers, auxquels ils
attachent des idées fuperftitieufes relativement à la bonne & à la mauvaife
fortune ; ils ne les tuent jamais, & ne
leur font aucun mal ; cependant ils ne
leur rendent aucune efpèce de culte (a).

(a) Relat. de Cook , Bank & Soland. t. II, p. 521.
Dans quelques tribus des Indes, une des plus grandes marques d'un refpect fuperftitieux eft, que ces Indiens ne connaiffent point de bonheur plus grand, que
celui de tenir en mourant la queue d'une vache. Comme ces peuples croient à la métempfycofe, ils s'imaginent que dans cette attitude leur ame paffe en direction dans le corps de cet animal, & ils ne peuvent pas
lui fouhaiter une demeure plus agréable. On fait l'ufage
qu'ils font de fes excrémens dans leurs ablutions &
leurs purifications. Euffent-ils commis le plus grand
crime, ils fe croient fanctifiés dès qu'ils s'en font frot-
tés depuis les pieds jufqu'à la tête. (Hift, des Indes.)

Le

Les Otahitiens croient que l'ame fubfifte après la mort ; ils imaginent d'ailleurs qu'elle erre autour du lieu où l'on
a dépofé le corps auquel elle était unie ;
qu'elle obferve les actions des vivans, &
goûte du plaifir de voir des témoignages
d'affection & de douleur. Leur religion
eft enveloppée de myfteres, & défigu-
rée par des contradictions apparentes.
Leur langage religieux eft différent du
langage ordinaire. *Un des Chefs*, dit le
Capitaine Cook, *nous demanda très-fé-
rieufement fi nous avions un Dieu eatua
dans notre pays , & fi nous le priions.
Quand nous lui dîmes que nous reconnaif-
fions une Divinité invifible qui a créé toutes chofes, & que nous lui adreffions nos
prieres, il fut fort content ; il fit des réflexions fur nos réponfes , & il femblait
nous avouer que les idées de fes compa-
triotes correfpondaient aux nôtres en ce
points* (a).

_____

(a) Cook, t. I, p. 345.

H

Tout fert à nous convaincre que l'idée fimple & jufte d'un Dieu a été connue des hommes dans tous les âges & dans tous les pays ; & que ces fyftêmes embrouillés & abfurdes d'idolâtrie, qui déshonorent l'hiftoire de prefque toutes les Nations, ont été inventés par des impofteurs. L'amour de la domination ou le goût du plaifir & de l'indolence infpirerent toujours aux Prêtres païens l'idée d'affervir l'efprit des peuples en éveillant la fuperftition.

Idées relatives à la Religion. Les Otahitiens imaginent que tout ce qui exifte dans l'univers provient originairement de l'union de deux êtres. Ils donnent à la Divinité fuprême un de ces deux premiers êtres, le nom de *Taroataihétoomoo* ; ils appellent *Tepapa* l'autre qu'ils croient avoir été un rocher ; ils ont engendré concurremment & par conjonction les 13 mois & les jours. Ils fuppofent que les Dieux, qui font le foleil & la lune, ont engendré une certaine quantité d'étoiles, & qu'elles fe

font multipliées d'elles-mêmes. Ils ont
le même fyftême par rapport aux plane-
tes (a). Ils fuppofent que les éclipfes
doivent être le tems de la copulation.
Ils font dans la perfuafion que la plus
grande partie de la terre eft placée à
une grande diftance à l'orient de leur
Ifle, qui a été détachée du continent,
tandis que la Divinité le traînait vers la
mer, avant de s'être décidé fur la forme
& l'afpect qu'il devait lui faire prendre (b). Ils croient auffi qu'il y a une
race inférieure de Dieux qu'ils nomment *eatuas* ; ils leur attribuent la for-
mation du premier homme ; ils étaient
mâles & femelles ; car ils prétendent
encore que ce premier homme entraîné
par l'inftinct univerfel à propager fon
efpèce, n'ayant pas d'autre femelle que
fa mere, en eut une fille, & que s'unif-
fant avec cette fille ils donnerent naif-

_____

(a) Relat. de Cook, Bank & Soland. t. II, p. 514.
(b) Boug. tom. III, p. 77.

H ij

fance à plufieurs enfans qui fe multi-
plierent pour peupler le monde. *Maw-
we*, qui eft le Dieu des tremblemens de
terre, eft le fujet de leur offrande dans
leurs repas, au commencement defquels
ils mettent à l'écart quelques morceaux
de mets préparés. *Tano* eft le Dieu auquel ils adreffent le plus fouvent leurs
prieres, parce que c'eft celui qui prend
une plus grande part aux affaires des
humains. Ces peuples en admettant que
l'ame eft immortelle, admettent en
même tems deux états de différens
degrés de bonheur. Ils imaginent que
les Chefs & les principaux perfonnages
de l'Ifle entreront dans le premier rang,
& les Naturels d'une qualité inférieure
dans le fecond : car ils ne penfent pas
que leurs actions ici-bas puiffent avoir
la moindre influence fur l'état futur,
ni même qu'ils foient connus de leurs
Dieux en aucune maniere (*a*). Ils pen.

(*a*) Cook, Bank & Soland. t. II. p. 514.

fent que l'Etre fuprême eft trop élevé au-deffus des mortels pour être affecté des actions qu'ils peuvent exercer fur la terre (a). Si leur religion n'influe pas fur leurs mœurs, elle eft au moins défin-téreffée, & le bien & le mal qu'ils font, proviennent ou de l'inftinct, ou de leur faibleffe. Par-tout où le penchant de l'homme à reconnaître, à adorer une Puiffance fupérieure, prend une direction modérée, & fe porte à admirer & à contempler l'ordre & la bienfaifance qui exiftent réellement dans la nature, l'efprit de fuperftition eft doux. Lorfqu'au contraire des êtres imaginaires, ouvrages de la crainte & de l'indolence des hommes, font fuppofés conduire l'univers, & deviennent l'objet du culte religieux, la fuperftition prend des formes plus bifarres & plus atroces.

(a) Boug. t. III, p. 76.

Des
Prêtres.

Le caractère des Prêtres eſt hérédi-
taire dans les maiſons ; il appartient
aux cadets de famille, & cet état eſt
répandu dans tous les ordres des familles. Ils ſont preſque autant reſpectés
que les Rois mêmes. Toute leur ſcience
conſiſte à ſavoir les noms des différens Dieux & leurs principaux rangs ,
& à les invoquer. Ils ont auſſi plus
de lumieres ſur la Navigation & ſur
l'Aſtronomie que le reſte du peuple ,
& le nom de *Tahowa* qu'on leur donne,
ne ſignifie autre choſe qu'un homme
éclairé (*a*).

Sacrifices.

La Religion de ces Inſulaires admet
auſſi des ſacrifices humains. Des hommes criminels accuſés de certains crimes, ſont condamnés à être ſacrifiés
aux Dieux, s'ils n'ont pas de quoi ſe
racheter. Cela ſuppoſe qu'en certaines
occaſions, ils jugent ces ſortes de ſa-

(*a*) Relat. de Cook, Bank & Soland. t. II , p. 514.

crifices nécessaires, & qu'ils prennent
sur-tout pour victimes les hommes qui
dévoués à la mort par les Loix du
pays, sont pauvres & de la classe inférieure du peuple. Des Voyageurs ont
su par les Naturels mêmes, qu'ils sa-
crifiaient des hommes à l'Etre suprê-
me. Les victimes dépendent le plus souvent du caprice du Grand-Prêtre, qui
dans les Assemblées solemnelles se re-
tire seul au fond de la maison de Dieu,
& y passe quelque tems : en sortant,
il annonce au peuple qu'il a vu le
grand Dieu, & conversé avec lui,
car ce Pontife jouit seul de ce privilége ; & que Dieu demande un sacri-
fice humain ; qu'après avoir réfléchi
sur le choix de sa victime, il désire
telle personne présente, contre laquelle
le Prêtre vindicatif a vraisemblable-
ment quelque grief. On tue sur-le-champ
cet infortuné, & il périt ainsi victime
du ressentiment du Grand-Prêtre, qui,
sans doute au besoin, a assez d'adresse

H iv

pour perſuader que le mort était un méchant (*a*).

Mariages.　Le mariage chez ces Peuples n'eſt qu'une convention entre l'homme & la femme, dont les Prêtres ne ſe mêlent point; il eſt cependant un engagement pour la vie. Dès qu'il eſt contracté, ils en obſervent les conditions; mais ſi les parties ſe ſéparent d'un commun accord, dans ce cas, le divorce ſe fait avec auſſi peu d'appareil que le mariage (*b*).

(*a*) Cook, t. I, p. 455.

Les préjugés de la ſuperſtition, lorſqu'elle eſt jointe encore à la haine & à l'idée de vengeance, ſont ſupérieurs à tous les autres préjugés, & ſes raiſons à toutes les autres raiſons. (Monteſq. Eſp. des Loix, t. I, p. 391.)

(*b*) Relat. de Cook, Bank & Soland. t. II, p. 520.

Il y a cette différence entre le divorce & la répudiation, que le divorce ſe fait par un conſentement mutuel à l'occaſion d'une incompatibilité mutuelle, au lieu que la répudiation ſe fait par la volonté & pour l'avantage

La coutume du pays n'accorde au Souverain qu'une feule femme ; mais elle lui laiffe la liberté de fe choifir un certain nombre de concubines (*a*).

Quoiqu'il n'y ait pas de taxe fixée par les Prêtres à la conduite nuptiale, ils fe font cependant appropriés des cérémonies dont ils retirent des avantages confidérables , telles que celles provenant de l'ufage de fe piquer la peau , ainfi que l'opération de fendre la partie fupérieure du prépuce , pour empêcher qu'il ne recouvre le gland. Cette opération n'eft pas tout-à-fait la même que la circoncifion , qui eft une amputation circulaire qui n'eft pas d'ufage chez ces Peuples. Comme les Prêtres peuvent feuls faire ces opérations , & que c'eft le plus grand

Opération à ce fujet.

---

d'une des parties , indépendamment de la volonté & de l'avantage de l'autre. (Montefq. Efp. des Loix, t. I, p. 362.)

(*a*) Boug. t. III, p. 74.

déshonneur de n'en pas porter les marques, ces cérémonies peuvent être considérées comme très-lucratives aux Prêtres, en proportion des facultés & du rang des parties (*a*).

Cérémonie relative au mariage. Il est d'usage dans l'Isle d'*Otahiti*, que les premiers momens destinés au mariage soient employés publiquement. En conséquence les nouveaux époux sacrifient à Vénus devant une nombreuse assemblée, sans paraître attacher aucune idée d'indécence à leur action ; ils ne s'y livrent au contraire que pour se conformer à l'usage. Parmi les spectateurs, il y a plusieurs femmes distinguées ; & celle qui préside à la cérémonie, donne à la victime des instructions sur les épreuves multipliées qu'elle doit subir. En général, quoique les filles qui passent par ces épreuves soient jeunes, elles

_____

(*a*) Relat. de Cook, Bank & Soland. t. II, p. 521.

ne paraiffent pas toutefois avoir befoin de confeil (*a*). Cette cérémonie finguliere peut fervir dans l'examen d'une queftion qui a été long-tems difcutée par les Philofophes : La honte qui accompagne certaines actions que tout le monde regarde comme innocentes en elles-mêmes, eft-elle imprimée dans le cœur de l'homme par la nature, ou provient-elle de l'habitude & de l'ufage ? Si la honte n'a d'autre origine que la coutume des Nations, il ne fera peut-être pas facile de remonter à la fource de cette coutume, quelque générale qu'elle foit : fi cette honte eft une fuite de l'inftinct naturel, il ne fera pas plus facile de découvrir comment elle eft anéantie ou fans force parmi ces Peuples, chez qui on n'en trouve pas la moindre trace. Cependant en con-

___

(*a*) Relat. de Cook, Bank & Soland. t. II, p. 374.

fidérant l'homme fauvage dans fes actions & dans fes habitudes, on apperçoit que la honte ne doit pas exifter
dans l'état de pure nature, parce qu'il
ne peut y avoir de honte où l'on n'admet point de crime : elle n'eft donc
pas imprimée dans le cœur de l'homme
par la nature, mais par l'influence des
Loix, qui font encore relatives à des
raifons de climat. Dans les régions
glacées, où les habitans font perpétuellement couverts par tout le corps,
de paraître nud comme les fauvages
Indiens, ferait regardé non-feulement
comme un acte extrême, mais encore
comme un acte indécent. Il y a des
pays civilifés où les femmes montrent
leur bufte en entier ; dans d'autres,
elles le cachent précieufement. C'eft
un crime énorme à une femme Chi-
noife que de montrer fon pied ; en
Europe, les femmes emploient l'art
pour faire paraître leurs pieds dans

toute l'élégance de leurs formes. D'après cela , on peut conclure que la honte n'eſt que relative ; qu'elle n'eſt pas dans la nature de l'homme , puiſqu'il lui faut des Loix pour lui faire connaître & réprimer les excès , quí ſont les principes de cette honte.

Tels ſont dans les mœurs & le gouvernement des Otahitiens , les traits les plus frappans qui peuvent le faire regarder non comme un Peuple très-civiliſé , mais comme un Peuple dont le caractère & les inſtitutions diffèrent infiniment peu du caractère & des inſtitutions des autres Nations les plus civiliſées des Indes.

F I N.

www.ingramcontent.com/pod-product-compliance
Lightning Source LLC
Chambersburg PA
CBHW070817250626
47170CB00006B/2134